I0348547

ଓଡ଼ିଆ କବିତାର ଏକ ନବାଗତ ବିସ୍ମୟ ସଂଘମିତ୍ରା ଭୂତିଆ। ନବପ୍ରଜନ୍ମର ଏହି କବି ବେଳେବେଳେ ଲାଗନ୍ତି କଳ୍ପଲୋକର ଗୋଟେ ବେଦୁଇନ୍ ବିସ୍ମୟ। ତାଙ୍କ କବିତାରେ ଲାଗେ, ଯେମିତି ତାଙ୍କ ସ୍ୱର ଗୋଟେ ବେଦୁଇନ୍‌ର ରାସ୍ତା, ଯେଉଁ ରାସ୍ତା ହୁଏତ କେବେ ଆମ ଲାଗି ଥିଲା ଅନାବିଷ୍କୃତ। ସେ ଯେଉଁ କଳ୍ପଲୋକରେ ଆମ ଭୂମିକୁ ଠିଆ କରିଦେଇପାରନ୍ତି, ସେହି କଳ୍ପଲୋକର ଭୂମି ବାରମ୍ବାର ଏ ମାଟିକୁ ଫେରିଆସୁଥାଏ। ଗୋଟେ ପବିତ୍ର-ସାହସ ଓ ପବିତ୍ର-ସଂକଳ୍ପର ଏହି କବିଙ୍କ କବିତା ସବୁବେଳେ ପାଠକକୁ ଆନ୍ଦୋଳିତ ଓ ବିଚଳିତ କରେ। ଛୋଟଛୋଟ କଥା ଭିତରେ ବଡ଼ବଡ଼ ଗହନ ଉପଲବ୍ଧିର କଥା କହିବା ଏହି ବୟସରେ ମୋ ପାଇଁ ବିସ୍ମୟ। ଓଡ଼ିଆ କାବ୍ୟକଳା ଓ କାବ୍ୟ-କାରିଗରୀକୁ କେତେବେଳେ ମୋହାଚ୍ଛନ୍ନ କରିପାରୁଥିବା ପୁଣି କେତେବେଳେ ଫର୍ଚ୍ଚା କରିପାରୁଥିବା ସଂଘମିତ୍ରାଙ୍କ ପାଦ ଏ କାବ୍ୟ-ମାଟିରେ ଆହୁରି ବଜର ହେଉ, ଆହୁରି ଗହନ ହେଉ।

ଭାରତ ମାଝୀ, କବି

ଓଡ଼ିଆ କବିତା ସାମ୍ରାଜ୍ୟରେ ସୁଶ୍ରୀ ସଂଘମିତ୍ରା ଭୂତିଆ ଜଣେ ପ୍ରତିବଦ୍ଧ ପରିବ୍ରାଜକ। କୋଳାହଳ ସତ୍ତ୍ୱେ ନିଜ ଭାବଭୂମିରେ ଭାରସାମ୍ୟ ରଖି, ସେ ଥା'ନ୍ତି ଅଜଣାର ଆବିଷ୍କାରରେ, ଅନିର୍ଦ୍ଦିଷ୍ଟର ଅନ୍ୱେଷଣରେ, ଅବିରତ, ଅବିଚଳ। ପରିଚିତ ଚିତ୍ରକଳ୍ପଗୁଡ଼ିକର ବ୍ୟବହାର ଓ ବ୍ୟଞ୍ଜନାରେ ନୂତନ ଦିଗବଳୟ ଉନ୍ମୋଚନ କରିବା ତାଙ୍କ କଳ୍ପନା ବିଳାସ। ସଂଘମିତ୍ରାଙ୍କ କବିତାରେ ସତର୍କତା ପୂର୍ବକ ବ୍ୟବହୃତ ସୀମିତ ଶବ୍ଦର ଇନ୍ଦ୍ରଜାଲରେ ପାଠକଟିଏ ନିଜ ଅଗୋଚରରେ ଭ୍ରମିଆସେ ଅଯୁତ ଗ୍ରହାନ୍ତର। କବିତାରେ ସେ ଧରେଇପାରନ୍ତି ସୂର୍ଯ୍ୟକୁ ଦର୍ପଣ, ଆଖିରେ ସାଇତିପାରନ୍ତି ଗୋଟେ ମଳିନ ତାରିଖ, ଜଣକ ପାଇଁ ଅଟକେଇଦେଇପାରନ୍ତି ପୃଥିବୀର ଗତି। ତୁଷାରର ଉଷ୍ମ ଆଶ୍ଲେଷ ଓ ଅଗ୍ନିର ଶୀତଳ ସ୍ପର୍ଶ; ଉଭୟର କକଟେଲ୍ ହିଁ ସଙ୍ଘମିତ୍ରାଙ୍କ କବିତାର ଗୁପ୍ତ ଗଙ୍ଗା।

ପବିତ୍ର ମୋହନ କର, କବି

ଗୋଟେ ସଘନ ଓ ଭାବପୂର୍ଣ୍ଣ ଜୀବନର ଶାବ୍ଦିକ ମହିମାମଣ୍ଡନ ହେଉଛି ସଂଘମିତ୍ରାଙ୍କ କବିତା। ଯେଉଁଠି ଆପାତତଃ ସାଧାରଣ, ଗତାନୁଗତିକ ଓ ଦୈନନ୍ଦିନ ଜୀବନର ମୂହୁର୍ତ୍ତସବୁ ଏକ ଅସାଧାରଣ କାବ୍ୟିକ ଉଚ୍ଛ୍ୱାସ ପର୍ଯ୍ୟାୟକୁ ଉତ୍ତରିତ ହୁଅନ୍ତି। ତାଙ୍କ ଶବ୍ଦମାନେ ମଣିଷର ଅଭ୍ୟନ୍ତରକୁ ନିରେଖି ତା'ର ଅନ୍ତରାତ୍ମା ଓ ମନସ୍ତତ୍ତ୍ୱର ଏକ ମାର୍ମିକ ଚିତ୍ରାୟନ ପ୍ରସ୍ତୁତ କରନ୍ତି। ଅର୍ଥ ପାଖରେ ପହଞ୍ଚିବାର କୌଣସି ସହଜ ମାର୍ଗ ତାଙ୍କର ଆଦୌ ପସନ୍ଦ ନୁହେଁ - ହୁଏତ ଏଇଥିପାଇଁ ଦ୍ୱନ୍ଦ୍ୱ, ସଂଶୟ ଓ ପ୍ରଶ୍ନାକୁଳତାରେ ନିରନ୍ତର ଜର୍ଜରିତ ତାଙ୍କ କାବ୍ୟସତ୍ତା ପଚାରିବସେ:

"ବୁଝିହୁଏନା ଏ ନିଆଁରେ କ'ଣ
କେବେ ନିଆଁ ଲାଗେନାହିଁ"

ସ୍ୱାଭାବିକ ଭାବରେ ଏ ପ୍ରକାର ପ୍ରଶ୍ନ ପଚାରୁଥିବା କବି ଏକ ଚିତ୍ରିତ ଓ ମୁଖରିତ ନିରବତାକୁ ହିଁ ଅହରହ ଗଢିଚାଲିଥାନ୍ତି ତାଙ୍କ କବିତାରେ। ସଂଘମିତ୍ରାଙ୍କ ଏ ନିଆରା କାବ୍ୟସ୍ୱରଟି ଅଧିକରୁ ଅଧିକ ଅନୁରଣିତ ହେଉ ଆମ ସାମୁହିକ ଚେତନାରେ।

ଦୁର୍ଗା ପ୍ରସାଦ ପଣ୍ଡା, କବି

ସଂଘମିତ୍ରାଙ୍କ କବିତା ଆମ ଜୀବନର ନିଃସଙ୍ଗତା ଓ ଆମ ପିଲାଦିନର ସମସ୍ତ ନିରୀହପଣକୁ ଗୋଟିଏ କାନଭାସ୍‌ରେ ସଜେଇ ପାରିବାର କ୍ଷମତା ରଖେ, ଯହିଁରେ ରାତି ବେଶି ଗାଢ଼ ହେଲେ ଶୋଇବା ଘର ଖଟ ତଳୁ ସମୁଦ୍ରର ଗର୍ଜନ ଶୁଭେ ଓ କଙ୍କିମାନେ ବଡ଼ ହେଲେ ହେଲିକାପ୍ଟର ପାଲଟିଯାଆନ୍ତି।

ସୂର୍ଯ୍ୟସ୍ନାତ ତ୍ରିପାଠୀ, କବି

ଉଲ୍କା

ସଂଘମିତ୍ରା ଭୂତିଆ

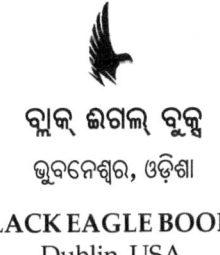

ବ୍ଲାକ୍ ଇଗଲ୍ ବୁକ୍ସ
ଭୁବନେଶ୍ୱର, ଓଡ଼ିଶା
BLACK EAGLE BOOKS
Dublin, USA

ଉଲ୍କା / ସଂଘମିତ୍ରା ଭୂତିଆ

ବ୍ଲାକ୍ ଇଗଲ୍ ବୁକ୍ସ : ଭୁବନେଶ୍ୱର, ଓଡ଼ିଶା ● ଡବ୍ଲିନ୍, ଯୁକ୍ତରାଷ୍ଟ୍ର ଆମେରିକା

 BLACK EAGLE BOOKS

USA address:
7464 Wisdom Lane
Dublin, OH 43016

India address:
E/312, Trident Galaxy, Kalinga Nagar,
Bhubaneswar-751003, Odisha, India

E-mail: info@blackeaglebooks.org
Website: www.blackeaglebooks.org

First International Edition Published by
BLACK EAGLE BOOKS, 2024

ULKA
by **Sanghamitra Bhutia**
At-Hatibari, Sukinda, Jajpur
PIN-755018, Email: sanghamitra2337@gmail.com

Copyright © **Sanghamitra Bhutia**

All rights reserved. No part of this publication may be reproduced, stored in a retrieval system, or transmitted, in any form or by any means, electronic, mechanical, photocopying, recording or otherwise without the prior permission of the publisher.

Cover & inner art: **Sanghamitra Bhutia**

Interior Design: Ezy's Publication

ISBN- 978-1-64560-632-1 (Paperback)

Printed in the United States of America

ଉତ୍ସର୍ଗ

ପୃଥିବୀ କେବଳ ଫୁଲରେ ଭର୍ତ୍ତି ବୋଲି ପିଲାଦିନୁ ମୋ ଭିତରେ ବହି ଆସିଥିବା ନିରୀହପଣ ସବୁକୁ !

ମିତ୍ର ଦୃଷ୍ଟି

ପାହାଡ଼ର ଆରକୂଳକୁ ଯିବାକୁ ହେଲେ ପାହାଡ଼ ଚଢ଼ିବାକୁ ହୁଏ। ପାହାଡ଼ରେ ସାଧାରଣତଃ ରାସ୍ତା ଥାଏ ନାହିଁ। ଯଦି ଥାଏ, ବଡ଼ କଙ୍କରିଳ ଓ ତା' ବି ଅଧା ଚଢ଼ାଣରେ ସରିଯାଏ। ଇପ୍‌ସିତ ଆରକୂଳକୁ ଯିବାକୁ ହେଲେ ବାଟ ତିଆରିବାକୁ ହୁଏ, ପ୍ରତିକୂଳ ସହିତ ଯୁଝିବାକୁ ହୁଏ, କ୍ଷତାକ୍ତ ହେବାକୁ ପଡ଼େ। ପାହାଡ଼ ଚୂଡ଼ା ପାଖେଇ ପାଖେଇ ଆସିଲାବେଳକୁ ଆରକୂଳରେ ଦୃଶ୍ୟ ହୁଏ ଆହୁରି ଏକ ତହୁଁ ଉଚ୍ଚ ମୋହନୀୟ ପାହାଡ଼।

ପାହାଡ଼ର ଆରପାଖମାନ କ'ଣ କେବଳ ପାହାଡ଼; ମନମୋହକ, ଭାବେ ଚଢ଼ାଳି। ସେ ଆହୁରି ଭାବେ, ଆରପାଖରେ ରହି ରହି ଅସ୍ପଷ୍ଟ କୁହାଟରେ ଡାକୁଥିବା ଲୋକ ଜଣକ କିଏ କି? ସେ କ'ଣ ପ୍ରକୃତରେ ତାକୁ ଅପେକ୍ଷା କରିଥାଏ!

ସେ ଆହୁରି ଭାବେ, ତାକୁ ଅପେକ୍ଷା କରିଥିବା ଲୋକ ଜଣକ ନୁହେଁ ତ ତା'ର ପ୍ରତିଭାସ! ଯଦି ତାହା ସତ୍ୟ (ହଁ, ନିଶ୍ଚିତ ସତ୍ୟ), ତେବେ କିଏ ଚଢୁଛି ପାହାଡ଼? ଏ କୂଳର ଲୋକ ସେ କୂଳରେ ଥାଏ, ସେ କୂଳର ଲୋକ ପାହାଡ଼ ଚଢୁ ନଥାଏ ଓ ଚଢୁଥିବା ଲୋକ ଜଣକ କେଉଁ କୂଳରେ ଥାଏ?

ଏଣୁ 'ଅପେକ୍ଷା ଏକ ଅପରାଧ' କହନ୍ତି ସଂଘମିତ୍ରା (ଲୁଡୁ ପାଲି)। ଏବଂ ସେ ଅପରାଧକୁ ଶାଶ୍ୱତ କଳାର ପରିଧାନ ପିନ୍ଧାଇ ଜାଣନ୍ତି ବୋଲି ନବପ୍ରଜନ୍ମର ତରୁଣ କବିମାନଙ୍କ ଭିତରେ ସଂଘମିତ୍ରା ମୋର ପ୍ରିୟ।

ଏ ତରୁଣୀ କବି ଜଣକ ଯେତିକି ଭାବସିଦ୍ଧ ସେତିକି ଯତ୍ନଶୀଳ ଶବ୍ଦମାନଙ୍କୁ ଲାଳନ କରିବାରେ। ସେମାନଙ୍କୁ କୋମଳ ଆଉଁସା ଦିଅନ୍ତି, ଶକ୍ତ କରନ୍ତି ଓ ଅର୍ଥଗାରିମାରେ ରୂପିତ କରନ୍ତି। –

"ନଅ ବାଙ୍କରେ ନଅ ନଅଟି ତାଳ ଗଛ
ନଅଟି ତାଳ ଗଛରେ ନଅ ନଅଟି ବଗ
ନଅ ନଅ ଯାକ ବଗ ଗିଳିଥାନ୍ତି

ନଅ ନଅଟି ତୋଡ଼ି
ସେଇ ନଅ ନଅଟି ତୋଡ଼ିଙ୍କ ପେଟରେ ଥାଏ
ନଅ ନଅଟି ଗୋଡ଼ି !

ଏତକ ମତେ ଦିଶେ ବୋଲି ତ
ମୁଁ ସେ ନଈକୁ ସବୁବେଳେ ସ୍ଥିର କହେ ।' (ପାଗଳ)

ସ୍ରୋତା ନଈକୁ ସ୍ଥିର କହୁଥିବା ସେ ଅଭୀକ ଦ୍ରଷ୍ଟା ଜଣକ ବସ୍ତୁତଃ କହୁ ନଥାଏ ନଈର କଥା । ନଈକୂଳରେ ଛିଡ଼ାହୋଇ ତନ୍ମୟରେ ନଈକୁ ଦେଖୁ ଦେଖୁ କେତେବେଳେ ସେ ନିଜେ ପାଲଟିଯାଏ ନଈ; ଏଣୁ ସେମାନେ କହନ୍ତି ତାକୁ ପାଗଳ । ହଁ, ପାଗଳ ତ ! ପାଗଳାମି ନଥିଲେ କ'ଣ କିଏ କବି ହୋଇପାରେ ! ଜଣେ ଚବିଶ ବର୍ଷର ତରୁଣୀ କବିର ଏ ସ୍ପର୍ଦ୍ଧୀ ଉଚ୍ଚାରଣ ଶୁଣି ଚକିତ ଲାଗୁନାହିଁ ? ମତେ ଲାଗୁଛି ।

ସଂଘମିତ୍ରା କବିତାରେ ବେଶି କଥା କହନ୍ତି ନାହିଁ । ବେଳେବେଳେ ତ ଆଭାସଟିଏ ବି ଖୁବ୍ ସଂଯତ କୁଣ୍ଠାର ସହ ଦିଅନ୍ତି । ଶବ୍ଦରେ ଖୁବ୍ ସୁନ୍ଦର ଓ ଅର୍ଥବାହୀ ଚିତ୍ର କିନ୍ତୁ ଆଙ୍କନ୍ତି ; ଅଦ୍ଭୁତ ଅଦ୍ଭୁତ ରଙ୍ଗର ଚିତ୍ର । 'ଶିଉଳିରେ ଦୁଃଖ ରଙ୍ଗର ଫୁଲ', କେତେବେଳେ 'କ୍ଷମା ରଙ୍ଗର ଫୁଲ' । ଦର୍ପଣ ଆଗରେ ନିଜ ମୁହଁଟିକୁ ରଖି ଆଙ୍କନ୍ତି 'ଦର୍ପଣରେ ସୂର୍ଯ୍ୟର ପ୍ରତିଛବି' । ତାଙ୍କ କବିତାରେ ଚିତ୍ରମାନେ କିନ୍ତୁ ଖୁବ୍ ବାଚାଳ ଓ ରାବିତ । ସେଇ ଚିତ୍ରରାବ ହିଁ ଖିଅ ଗୁନ୍ଥନ୍ତି କବିତାର । –

"କହିଲ, କି ରଙ୍ଗର ଫୁଲ ଫୁଟେ ସେଠି
ସେଇ ବନ୍ଧୁକ ନଳୀର ମୁନରେ,
ହଁ ଶିଉଳି ଗଛରେ ?

ଜାଣିଛି, ପୂର୍ବପରି
ତୁମେ କହିବ ଦୁଃଖ ରଙ୍ଗର ।" (ଗୁଳି)

ମୁଁ ଏ କବିତାର ମଞ୍ଜି ଖୋଜିବି ନାହିଁ, ବ୍ୟାକୁଳ ହେବିନାହିଁ ଏହାର କେନ୍ଦ୍ରକଥନର ଅର୍ଥ ଖୋଜିବାକୁ । ସେଇ କବି ଯିଏ କହିଥିଲା 'A poem should not mean but be.' (Ars poetica by Archibald Macleish)

ବନ୍ଧୁକ ନଳୀମୁନରେ ଯଦି ଫୁଲ ଫୁଟେ ଦୁଃଖ ରଙ୍ଗର, ତେବେ 'କଣ ହେବ ଗୁଳିମାନଙ୍କର' ଭାବିବି ଓ ଅସ୍ତବ୍ୟସ୍ତ ହେବି । କବିତାରୁ ସେତିକି ଆନନ୍ଦ ଆଦାୟ କରିବାର ହକ୍ ମୋର ଅଛି ।

ଜଣେ ଖଣ୍ଡିଉଡ଼ା ଶିଖୁଥିବା କବିଶାବକର ଏ ଅଣପାରମ୍ପରିକ କୌଶଳରୁ ସହଜରେ ହଟି ଯାଇପାରେନା ଧ୍ୟାନ। ନିବିଡ଼ତମ ଆବେଗ ସବୁକୁ, ମୁକୁଳି ଯିବାକୁ ବ୍ୟାକୁଳ ସମ୍ଭ୍ରମ କଥ୍ୟ ସବୁକୁ ଶବ୍ଦ ଶବ୍ଦର ଶୂନ୍ୟ ଇଲାକାରେ ଗୁନ୍ଥି ରଖିବା ଓ ନିରବତାରେ ସୁଦ୍ଧା ଅର୍ଥକୁ ଗତି ପ୍ରଦାନ କରିବାର କଳା ବସ୍ତୁତଃ ଏକ ପରିପୁଷ୍ଟ କଳା।

ସଂଘମିତ୍ରାଙ୍କ ଏହି ସଙ୍କଳନର ଛୋଟରୁ ଛୋଟ କବିତିକା ବା ଦୀର୍ଘ କବିତା ପଢ଼ି ମୋର ଅବବୋଧ ହୁଏ ଯେ ବାର୍ତ୍ତା ଦେବା ବା କୌଣସି ସାମାଜିକ, ସାଂସାରିକ ଧାରଣା ଅବଗତ କରେଇବା ତାଙ୍କ କବିତା ଶୈଳୀର ଆଭିମୁଖ୍ୟ ନୁହେଁ। ବରଂ ପାଠକର ମନଜଗତ ସହିତ ନିଜର ଅନୁଭବକୁ ଅନ୍ତର୍ଗତ କରେଇବା ତାଙ୍କ କଳା ନିର୍ମାଣର ଅଭିମନ୍ତ୍ରଣ। ଅଣପାରମ୍ପରିକ ରୂପକଗୁଡ଼ିକ ମାଧ୍ୟମରେ ଶବ୍ଦକୁ ସେ ଏମିତି ଏକ ନିସ୍ତବ୍ଧତାର ଘୋଡ଼ଣିରେ ସଂଖୋଳି ରଖନ୍ତି, ଯାହାକୁ ସ୍ପର୍ଶ କରିହେବ ହୃଦୟର ତନ୍ମୟତାରେ। ବହୁଦୂର ଆକାଶରେ ଉଡ଼ି ଯାଉଥିବା ପକ୍ଷୀର ଡେଣା ଶବ୍ଦ, ବା ଉଇଁ ଆସୁଥିବା ଜହ୍ନର ଆକାଶ ଚଢ଼ିବାର ବେଗ ପରି ତାଙ୍କ କବିତାର ଶବ୍ଦାୟନ। ଶୁଭେ ନାହିଁ, ଶୁଭିଲା ଶୁଭିଲା ଲାଗେ ; ଖୋଲା ଆଖିରେ ଦିଶେ ନାହିଁ, ଦିଶେ ବୁଜିଦେଲେ ଆଖି। ଆତ୍ମାର ଖଞ୍ଜି ହେଉଥିବା ଛନ୍ଦ କଣ ଶୁଣିହୁଏ, ନା ଦେଖି ହୁଏ ତାର ଉନ୍ମେଷର ଗତି ! ଯେମିତି

"ନିରବତାର ଜିଭ ନ କଅଁଳିଲେ ବି
ଜଣକ ପାଇଁ ଅଟକିଯାଏ ପୃଥିବୀ।" (ଝର୍କା)

ବା

"ଖୁବ୍ ଶୀଘ୍ର କଂକାଳମାନେ
ପୋଷାକରେ ଲୁଚେଇବେ ଲଜ୍ଜା,
ପକ୍ଷୀମାନେ ଭଙ୍ଗା ଅଣ୍ଟରେ ଗାଇବେ
ପ୍ରେମର ସଙ୍ଗୀତ।
ପବନର ଦେହରୁ ହଜି ଆସୁଥିବ
ଆଇଁଷିଆ ଗନ୍ଧ।
କିନ୍ତୁ ମତେ କଞ୍ଚା ଖାଇ ଚାଲିଥିବ
କେବଳ ମୋରି ରକ୍ତ।" (ଯୁଦ୍ଧ)

କବିତା ଏଠି ଅନର୍ଥକ ନୁହେଁ ବା କବି ଉଦାସୀନ ନୁହେଁ ; ଅର୍ଥକରଣା ଏଠି ମ୍ୟୁହମାନ।

କବିତାର ଗତି କବି ମାନସରେ ଯେମିତି ବିବର୍ତ୍ତିତ ହେଉଥାଏ, ତା'ର ଭାଷିକ ଗଢ଼ଣ ସେମିତି ତାକୁ ବେଗ ଦେଉଥାଏ। କାବ୍ୟ କଳାର ଆଶ୍ରୟ ହେଉଛି

ଭାଷା କଳା ଓ ଭାଷା କଳାର ସଂପ୍ରେରକ ହେଉଛି ନିର୍ମାଣ କଳା। କବିତାର ଭାଷା ତା'ର ପୋଷାକ ନୁହେଁ ବା କବିତାତ୍ମାର ଏକ ବାହ୍ୟିକ ଆବରଣ ନୁହେଁ। "ମନେ ରଖିବାକୁ ହେବ ଯେ ଯେଉଁ କବିର ଚେତନାକୁ ପ୍ରକ୍ଷିପ୍ତ କରିବାର ଶକ୍ତି ନଥାଏ ବା କୁହା ଯାଇପାରେ ଆଦୌ ଚେତନା ହିଁ ନଥାଏ, ସେ ହିଁ କେବଳ ଶୈଳୀଟାକୁ ସଖୀ କଣ୍ଢେଇ କରି ଧରି ରଖିଥାଏ। ତା'ର ଯାବତୀୟ ପରୀକ୍ଷା କେବଳ ଶୈଳୀର ପରୀକ୍ଷା ଓ ପ୍ରୟୋଗ ମଧ୍ୟରେ ଆବଦ୍ଧ ହୋଇ ରହିଥାଏ ଏବଂ ପରୀକ୍ଷାଟାକୁ ନିରୀକ୍ଷା ବୋଲି ମାନି ନିଆ ହେଉଥାଏ। କ୍ଷଣିକର ଚମକ କ୍ଷଣକରେ ଉଭାନ ହୋଇଯାଏ ଓ ବିବର୍ତ୍ତନର ଗତିଧାରାରେ ତା'ର କୌଣସି ଭୂମିକା ରହେ ନାହିଁ। କବିତାର ଧ୍ୱନି, କବିତାର ଇଙ୍ଗିତ, କବିର ଚେତନା ଛନ୍ଦରେ ନଥାଏ; ଥାଏ କବିତାର ସମଗ୍ର ଅର୍ଥ ବ୍ୟଞ୍ଜନାରେ ଓ ତାହା ହିଁ କବିତାର ସୌନ୍ଦର୍ଯ୍ୟ ବା ସୌଷ୍ଠବ। ଅର୍ଥାତ କବିତାର ଶୈଳୀ ଅନ୍ତର୍ଗତ, ବହିର୍ଗତ ନୁହେଁ।" ଏ ବାଣୀ କହନ୍ତି ପ୍ରଖ୍ୟାତ ଚିନ୍ତକ ଚିତ୍ତରଞ୍ଜନ ଦାଶ। କବିତାର ଭାଷା ଯେତେବେଳେ ନିଜେ ପାଲଟିଯାଏ କାବ୍ୟାତ୍ମା ସେତେବେଳେ ଦୃଶ୍ୟ ହୁଏ କବିତାର ପୂର୍ଣ୍ଣ ଉନ୍ମେଷ।

"ଭାତ ସହ ଆମ୍ବ ଟାକୁଆ, ଝରିପୋକ
କଷି କାଙ୍କଡ଼ ଆଉ ଜଳନ୍ତା ଚୁଲିକୁ ହିଁ
ଜୀବନ ବୋଲି ବୁଝେ ବୁଦୁନି ମୁଣ୍ଡା।"

ଏମିତି ଏକ ସହଜ ଭାବ ପ୍ରବଣତାରୁ ଓହ୍ଲାଇ ଆସେ ଜଣେ ଦୁଃଖର ଈଶ୍ୱରୀ। ଭାବାବେଗ ଘନୀଭୂତ ହୋଇ ଗଭୀର ଚେତନା ସ୍ତରକୁ କେମିତି ଉତ୍ତରିତ ହୋଇପାରେ ବୁଦୁନି କବିତା ତା'ର ଏକ ଉଜ୍ଜ୍ୱଳ ଦୃଷ୍ଟାନ୍ତ।

କବିତାର କଥ୍ୟ ଅନ୍ତରାଳରେ ଜଣେ ମଣିଷ। ମଣିଷ ଜଣକର ମୁହଁ ଦିଶୁ ଦିଶୁ କବିତାର କୁହେଳି ଆବୋରି ବସେ ପାଠକକୁ ନୈର୍ବ୍ୟକ୍ତିକ ଚେତନା ରୂପରେ। ବୁଦୁନି ଏକ ଛୋଟ କବିତା; ଅଥଚ ପ୍ରଥମ ଧାଡ଼ିରୁ ଶେଷକୁ ପହଞ୍ଚିଲାବେଳେ ଲାଗେ କେତେ ଦୀର୍ଘପଥ !

"ନିଆଁକୁ ଖବର କରିବତ କର
କାଜୁବଣରେ କେତେବେଳେ ଦିପହରରେ ବି
ନିଆଁ ଲାଗିଯାଉଛି ଅଧା ଚିରା ବ୍ଲାଉଜରେ।
କେନ୍ଦୁପତ୍ରକୁ ହାତରେ ଦଳି
ମୁଁ ହିଁ ନିଆଁ ହୋଇ କେତେବେଳେ ଲମ୍ବିଯାଉଛି
କାହା ଓଠ ସନ୍ଧି ଯାଏଁ।

ଚୁଲି ନ ଜଳିଲେ ଗୋଡ଼ ହାଡ଼କୁ
କାଠ ସହ ଠେଲିଦେଉଛି ଚୁଲି ମୁଣ୍ଡକୁ।"

ଏଠି ଭାବ ସାନ୍ଦ୍ରତା ଓ କଳା ନିର୍ମାଣର ସାମନ୍ତରିକ ଗତି କେମିତି ସମାହିତ ହୋଇଯାଉଛନ୍ତି କାବ୍ୟାତ୍ମାର ଶିଖର ବିନ୍ଦୁରେ, ଲକ୍ଷ୍ୟ କରିବାର କଥା। ବୁଦ୍ଧୁନି କବିତାରେ ସମ୍ବେଦନାର ସ୍ୱର ଯେତିକି ସୂକ୍ଷ୍ମ, ତା'ର କଳା ପକ୍ଷ ସେତିକି ଉନ୍ନମିତ।

କେହି କେହି ଭାବି ପାରନ୍ତି ସଂଘମିତ୍ରାଙ୍କ କବିତା କଥା କହିଲାବେଳେ ମୁଁ ଟିକେ ଅଧିକ ପ୍ରଗଳ୍ଭ ହୋଇଯାଉଛି, ଯାହା ବସ୍ତୁତଃ ସମାଲୋଚନାର ଗୁଣସୂତ୍ର ନୁହେଁ। ଏଠି କିନ୍ତୁ ମୁଁ ସମାଲୋଚନା ଲେଖୁନାହିଁ; ମିତ୍ରଦୃଷ୍ଟିରେ କବିତାକୁ ପ୍ରବେଶ କରିବାର କିଛି ସୂତ୍ର ହିଁ ଉଲ୍ଲେଖ କରୁଛି। ଖୁଣ ତ ପ୍ରସିଦ୍ଧ, ପ୍ରବୀଣମାନଙ୍କ କବିତାରେ ବି ଖୋଜା ଯାଇପାରେ! ମୋର କବିତା ପଠନର ଦିଗ ସବୁବେଳେ ଉଜ୍ଜ୍ୱଳ ଓ ସମ୍ଭାବନାମୟ ହୋଇ ରହୁ, ମୁଁ କାମନା କରେ।

କବିତା ରାଜ୍ୟର ଏ ନବାଗତା ଆରାଧିକା ସଂଘମିତ୍ରାଙ୍କ ଏ ସଂକଳନର କବିତା ମତେ କାହିଁକି ଭଲ ଲାଗିଲା ପ୍ରଶ୍ନର ସଂକ୍ଷିପ୍ତ ଉତ୍ତର ହେବ : ୧- କବି ଯେଉଁ ପରିବେଶରେ ଜୀବନ ଜିଉଁଛି, ସେହି ଜୀବନ ଓ ପରିବେଶକୁ ଗଭୀର ଓ ନିବିଡ଼ ଭାବରେ ଭଲ ପାଇବାର ଅନୁଭବରୁ ତା'ର କବିତା-ଚେତନାର ଉଦ୍ଭବ ହେଉଛି ବୋଲି ମୋର ଅବବୋଧ। ୨- କବି ନିଜ କଳ୍ପନାର ଚିତ୍ରମାନଙ୍କୁ ଆଙ୍କିଲା ବେଳେ ଖୁବ୍ ଶବ୍ଦ ମିତବ୍ୟୟୀ ଓ ତାଙ୍କ ଉପମା, ରୂପକ, ବିମ୍ବ ଆଦି ବସ୍ତୁ ଜଗତର ସାଯୁଜ୍ୟରେ ଖଚିତ। ୩- କବିତା ରଚନାରେ ଉଚ୍ଛ୍ୱାସ, ସ୍ୱତଃସ୍ଫୁର୍ତ୍ତତା ଅପେକ୍ଷା ନିୟନ୍ତ୍ରିତ ଝଲକ ବା ଝଙ୍କୃତବଲ୍କଳ ଉପରେ ତାଙ୍କ ଗୁରୁତ୍ୱାରୋପ। ୪- ଅନୁଭବର ସୌନ୍ଦର୍ଯ୍ୟ, ସମ୍ବେଦନା, ବିଦ୍ରୋହ ବା ପ୍ରେମର ବର୍ଣ୍ଣନା ନ କରି ସେ ନିର୍ମାଣ କରନ୍ତି ଏକ ଛାୟାଛନ୍ନ ପ୍ରଚ୍ଛଦ। ଖୁବ୍ ଧୀରି ଧୀରି ତନ୍ମୟତାରେ ଯାହା ଭେଦେ। ୫- କବିତାର ପ୍ରଥମ ଶବ୍ଦରୁ ଶେଷ ଶବ୍ଦ ଯାଏଁ ଏକ ଅସ୍ପଷ୍ଟ ଧ୍ୱନିର ଅନୁରଣନ ତାଙ୍କ କବିତାକୁ ମନ୍ତ୍ରସିଦ୍ଧ କରେ। ମୋ ଦୃଷ୍ଟିରେ ଭଲ କବିତାର ଏ ଗୁଣଗୁଡ଼ିକ ମୁଁ ସମସ୍ତ କବିଙ୍କ ଠାରୁ ଆଶାକରେ, ସଂଘମିତ୍ରାଙ୍କ ପାଖରେ ପାଏ।

କବିତା ଲେଖା ଓ ପାହାଡ଼ ଚଢ଼ାରୁ ଅର୍ଜୁଥିବା କ୍ଷତର ଜ୍ୱଳନ ରୁଗୁରୁଗୁ କିନ୍ତୁ ଆନନ୍ଦଦାୟୀ। ପ୍ରିୟ କବି, ଏ ପାହାଡ଼ ଚଢ଼ାର ଅନ୍ତ ନହେଉ! ପାହାଡ଼ର ଆରକୂଳରେ ପାହାଡ଼, ସେ ପାହାଡ଼ର ଆରକୂଳରେ ଆହୁରି ପାହାଡ଼, ଶିଖର ପରେ ଶିଖର, ଆହୁରି ଶିଖରମାନ ତୁମ କ୍ଷତରକ୍ତରେ ରଙ୍ଗ ମାଖନ୍ତୁ। ପଚାରନା କବି, କେଉଁ ରଙ୍ଗର ରକ୍ତ!

ପ୍ରଦୀପ କୁମାର ପଣ୍ଡା
ବରିଷ୍ଠ କବି

ଭୋର୍

ମଶାଲ ଧରି ଫେରୁଥିବା ଲୋକମାନଙ୍କର ଅନ୍ଧାର ପାଲଟିଯିବାର କାହାଣୀ କେହି ଶୁଣେଇଚି କି କେବେ! ବରଫ ଗଦା ଭିତରୁ ମିଳିଥିବା ଗୋଟେ ସତେଜ କଟାହାତ ଆଉ ନିଖୋଜ ଶରୀରର ସମ୍ବାଦ ଶୁଣି ନିଦ ହଜିଚି କେବେ? ମାସ ମାସ ଧରି ଦେଶ ଦେଶ ମଧ୍ୟରେ ଚାଲିଥିବା ଯୁଦ୍ଧର ଖବର ରଖିଲାବେଳେ କେମିତି ଦିଶନ୍ତି ମୁହଁମାନେ! କରୁଣ? ଜଟିଳ? ନା ଭାବଶୂନ୍ୟ? ଧର୍ମ ଆଉ ରାଜନୀତିର ଦଙ୍ଗାରେ କେବଳ ବସ୍, ଦୋକାନ ଆଉ ଟାୟାର ଜଳେ ନାହିଁ କିଛି ମଣିଷ ବି ଜଳିଯାଆନ୍ତି ଦଳବଦ୍ଧ ଭାବରେ ଆଉ କେବଳ ନିର୍ଦ୍ଦିଷ୍ଟ ଚିହ୍ନଟିଏ ହୋଇ ଫେରନ୍ତି। କିଛି ଜଣଙ୍କର ଆତ୍ମା ଜଳିପୋଡ଼ି ଅଙ୍ଗାର ହୁଏ ଆଉ ସ୍ନାନ ସାରି ଫେରି ଆସେ ନିଜ ଶରୀରକୁ।

କ'ଣ ଖୋଜୁଛନ୍ତି? ଏମିତି କିଛି ଚମକାଇଦେବାପରି ଧାଡ଼ି ନା ସ୍ୱପ୍ନ ପରି କିଛି ଅବାସ୍ତବ ଦୃଶ୍ୟପଟ୍ଟ! ପ୍ରେମ, ବିରହ, ସଂପର୍କ, ବିଶ୍ୱାସ ନା ବିଦ୍ୱେଷ, ପ୍ରଶାସନ ଆଉ ବିରୋଧୀ ସରକାର, ଜଙ୍ଗଲ, ଜମି ଆଉ ଖାଦାନ କଥା ନା ସଂପୂର୍ଣ୍ଣ ନିରପେକ୍ଷତା!

ଏମାନଙ୍କୁ ନେଇ ଅନେକ କଥା ତ ଲେଖା ସରିଛି।

ମୁଁ ଯଦି ଜହ୍ନକୁ ପ୍ରେମିକା ବୋଲି ଲେଖିବି କ'ଣ ନୂଆ ଦିଶିବ ସେଥିରେ? ମୁଁ ଯଦି ଜଙ୍ଗଲକୁ ଆଦିମ, ସମୁଦ୍ରକୁ ପ୍ରେମ ଆଉ ଈଶ୍ୱରଙ୍କୁ ପଥର ବୋଲି କହିବି କ'ଣ ନୂଆ ଦିଶିବ ସେଥିରେ? ଗୁରୁତ୍ୱ ବା କ'ଣ?

ଆମେ ନୂଆ ଖୋଜୁ କାହିଁକି? ଆମେ ନୂଆକୁ ଖୋଜିବାରେ ଏତେ ବ୍ୟସ୍ତ ଯେ ଆମେ ଭୁଲିଯାଇଛୁ ଏହା କୌଣସି ଊର୍ଦ୍ଧ୍ୱମୁଖୀ ପ୍ରକ୍ରିୟା ନୁହେଁ ବରଂ ଏହା ଏକ ବିବର୍ତ୍ତନ ଚକ୍ର। ଯୋଉଠୁ ଆରମ୍ଭ ସେଇଠି ଶେଷ।

ମୁଁ, ଜଙ୍ଗଲକୁ ଜଙ୍ଗଲ ବୋଲି କହିଚି। ସମୁଦ୍ରକୁ ସମୁଦ୍ର ଆଉ ଈଶ୍ୱରଙ୍କୁ ଈଶ୍ୱର ବୋଲି କହିଚି। ଜହ୍ନକୁ କେବଳ ଜହ୍ନ ବୋଲି ଚିହ୍ନେଇଚି। ଏଠି ତ ଅନେକ ଦୁଃଖ ମଣିଷମାନଙ୍କର, ଅନେକ ବିଳାସ। ଲୁହ ପାଇଁ ଶବ୍ଦର ଘୋଡ଼ଣୀ କେବେ ଖୋଜିନି;

ଖୋଜିନି ହସ ପାଇଁ ମଧ୍ୟ। ଯେବେ ଆଖି ଓଦା ହେଇଚି ଲୁହ ପୋଛିବାକୁ ହାତ ବଢ଼େଇନି। ବାସ୍ ଝରିଯିବାକୁ ଦେଇଚି। ଯେବେ ହସିଚି କେହି ପ୍ରତିବନ୍ଧକ ହେଇ ମୋତେ ଅଟକାଇ ପାରିନି। ମୋ ଇଚ୍ଛା ବିରୁଦ୍ଧରେ ତ ଅନେକ କିଛି ବଦଳିଚି। ହେଲେ ଯାହାକୁ ଅଟକେଇବାକୁ ଚେଷ୍ଟାକରି ବି ମୁଁ ବିଫଳ, ତାହା ସମୟ ହିଁ କେବଳ। ବୋଧହୁଏ ମୋତେ ସଜାଡୁଥିବା ସମୟ, ମୋତେ ଅସ୍ଥିର କରୁଥିବା ସମୟ, ମୋ ସହ ଖର୍ଚ୍ଚ ହେଉଥିବା ସମୟ ଆଉ ମୋତେ ଜାବୁଡ଼ି ଧରିଥିବା ସମୟ ହିଁ ମୋତେ ଲେଖେଇ ପାରିଛି ଏ କବିତା ସବୁକୁ। ସମୟ ଭଳି ଏମିତି ଅଚାନକ ଆସିଛନ୍ତି ଏ କବିତା ମାନେ। ମୋ ଲେଖିବାର କୌଣସି ନିର୍ଦ୍ଦିଷ୍ଟ କାରଣ ନାହିଁ; ନାହିଁ ମଧ୍ୟ ନଲେଖିବାର। ଯେଉଁଠି ମାଟିକୁ ଛୁଇଁଦେଇ ବାରମ୍ବାର ଲେଉଟିଆନ୍ତି ଋତୁମାନେ, ଯୋଉ ଦିଗବଳୟ ଯାଏଁ ଲମ୍ବିଯାଏ ମୋର ଆଖି, ଯେଉଁଠି ମୋ ବିନ୍ଦି ପରି ଟିକ୍ ଟିକ୍ ଦିଶେ ସନ୍ଧ୍ୟା ତାରା ଠିକ୍ ସେଇ ଦିଗରେ ଏମାନେ ଦିନେ ଗତି କରିବେ ପୃଥିବୀ ମନସ୍କ ହୋଇ। ଉଲକା ହୋଇ।

ମୁଁ ତ ଏଇଠି ଛିଡ଼ା ହେଇଚି, ଏଇ ମାଟିରେ, ପୃଥିବୀରେ।

ହଁ, ପୃଥିବୀ ଆଉ ମୁଁ ଭାରି ଭଲ ସାଙ୍ଗ। କହିବି ସେକଥା ପରେ କେବେ...

ସଂଘମିତ୍ରା ଭୂତିଆ

ସୂଚିପତ୍ର

ନଦୀଗୀତ	୧୭
ଇଚ୍ଛାପତ୍ର	୧୯
ଗୁଳି	୨୧
ଝର୍କା	୨୩
ପାଗଳ	୨୫
କବି	୨୬
ପ୍ରିୟଶତ୍ରୁ	୨୮
ନାଁ	୩୦
ଜଙ୍ଗଲ	୩୨
ପୁରୁଣା କଥା	୩୪
ଟଗର ଫୁଲ	୩୭
ବୋଉ ଓ ଜଗନ୍ନାଥ	୩୯
ପିଲାଦିନ	୪୨
ଯୁଦ୍ଧ	୪୫
କେଜାଣି କାହା କଥା	୪୬
ଅପମୃତ୍ୟୁ	୪୮
ସେଇ ଘର ବିଷୟରେ	୫୦
ଛାଇ	୫୨
ନିଆଁ	୫୪
ଲାଲ ରଙ୍ଗର କିଛି ଦୃଶ୍ୟ	୫୬
ନିରବତା ଗୋଟେ ସ୍ୱରର ନାଁ	୫୮
ମୋ ପ୍ରେମିକ	୬୦
ପ୍ରେମିକା	୬୨
ଆମକଥା	୬୪
ଅନ୍ଧକଥା	୬୬

ଅଞ୍ଚକଥା – ୨	୬୮
ଅଞ୍ଚକଥା – ୩	୭୦
ଉଲ୍କା	୭୩
ଗୁରୁ	୭୪
ମାଣବସା ଗୁରୁବାର	୭୬
ଦେଶକଥା	୭୮
ସମୁଦ୍ର ପୁରୁଷ	୮୦
କିଛି ପଚାରନା	୮୨
ଆଜି ବି	୮୪
ପାଦ	୮୫
ଦାଗ	୮୭
ଏକୋଇଶ	୮୯
କଳା ଗୋଲାପ	୯୧
ପ୍ରେମ ଓ ଦୂହୁଡ଼ି	୯୩
ଜିଦ୍	୯୫
ନଜର	୯୬
ସମାନତା	୯୮
ପ୍ରବାହ	୯୯
ସାତ ମିନିଟର କାହାଣୀ	୧୦୧
ଆମେ ଦୁହେଁ	୧୦୪
ସ୍ୱର୍ଣ୍ଣ	୧୦୬
ସ୍ୱାଇରୋଗାଇରା	୧୦୭
ଗୋଟେ ଡିସେମ୍ବରର କଥା	୧୦୮
ଲୁଡ଼ୁପାଲି	୧୧୦
ଜହ୍ନ	୧୧୨
ବୁଦୁନି	୧୧୪
ଫୁଲ	୧୧୬

ନଦୀଗୀତ

କିଛି ଗୀତ ଝୁରିଖାଏ ଭିତରୁ
ନହେଲେ,
ଗୋଟିଏ ଦିଗରେ ହିଁ
ମୋର ଏତେ ଅସ୍ୱାଭାବିକ ଭାବେ
ଲମ୍ବିଯିବା ଆଉ ତୁମକୁ ଭେଟିବା
ପୁଣି ତୁମକୁ ଚିହ୍ନିଲା ପରେ ବି
ପଛକୁ ଫେରି ନପାରିବା
କ'ଣ ଘଟିଥାନ୍ତା
ଏତେ ଗଭୀରରେ ?
:

କିଛି ନଦୀ କେବଳ ଲମ୍ବିଯାଆନ୍ତିନି,
 ଟାଣି ନେଇ ଛାତିର ଦୁକ୍‌ଦୁକି !
ଓଦା ସରସର ନୀଳ ଓଢଣୀରେ
ଯୋଉ ଚାଖଣ୍ଡ ଲାଜ ତା'ର
ଟିକେ ବେଶୀ ଚିକ୍‌ଚିକ୍ କରେ, ଖରାରେ
ତାକୁ ଦେଖି ପବନ ବି ଲାଜକରେ
ବାଇଆ ଚଢେଇ ବସାରେ

ବୁଝିଲ !
ନଦୀକଥା ଏମିତି କ'ଣ କହିହୁଏ
ଏତିକି ଶବ୍ଦରେ ?

ଇଚ୍ଛାପତ୍ର

ଅଗଣାର ଖରାବେଳକୁ
ଆଉ ଟିକେ ଗାଢ଼ ହେବାକୁ କହି
ମୁଁ ତ ସୂର୍ଯ୍ୟ ହାତରେ ଧରେଇଆସିଛି ଦର୍ପଣ !

ମୋ ଇଚ୍ଛା ବିରୁଦ୍ଧର ଲକ୍ଷ୍ମଣରେଖାକୁ
ନଖରେ ବିଦାରି ଗାଁ ଶେଷ ବରଗଛରେ
ମୁଁ ତ ଟାଙ୍ଗିଆସିଛି ଓଢଣୀ !

ମୁହାଣ ମଝିରେ ପାଦ ବୁଡ଼େଇକି
ନଖସନ୍ଧିର ଧାପେ ବାଲିରେ ବି
ମୁଁ ଫୁଟେଇ ସାରିଛି କାକଟସ୍ ଫୁଲ !

ପାରିବ ତ
ତୂଳି ଧର ଆଉ ଆଙ୍କିଦେଖାଅ
ଦର୍ପଣରେ ସୂର୍ଯ୍ୟର ପ୍ରତିଛବି

ପାରିବ ତ
କହିଦେଖ ମାଟିଠୁ କେତେଦୂର ମୋ ଗାଁ'ର
ସବୁଠୁ ଉଚ୍ଚା ବରଗଛର ଶିଖର

ପାରିବ ତ
ତୋଳିନିଅ ସେ କାକଟସ୍‌ର ସବୁଫୁଲ
ଅଥଚ ନ ଖାଇକି ତା' କଣ୍ଟାର ଆଘାତ

ପାରିବ ତ ଏତିକି କର
ମାନିନେବି ତମେ ପାରିବାର
ବେସ୍‌ ପାରିବାର !

ଗୁଳି

କ'ଣ ଦେଖୁଛ
ମୋ ଆଖିରେ ?
ଗୋଟେ ମଳିନ ତାରିଖ !

ଦେଖ ଆହୁରି ନିରେଖି ଦେଖ
ଦେଖିବ ସେ ତାରିଖ ଏବେ ଦିଶିବ
ଗୋଟେ ଅକାମୀ ବନ୍ଧୁକ ପରି

ତା' ମୁନରେ ଛିଟିକିହୋଇ ପଡ଼ିଛି
କାହିଁ କେତେଯୁଗରୁ ଦି' ତିନି ଟୋପା
ଖଇରିଆ ରକ୍ତ ଧାର !
ଅବଶ୍ୟ ତୁମେ ତାକୁ
ପାନଛେପ ରଙ୍ଗର ମାଟି କହିପାର

ସେଇଠି ଦିଶୁଛି କି ଶିଉଳି ଗଛ ?

କହିଲ... କି ରଙ୍ଗର ଫୁଲ ଫୁଟେ ସେଠି
ସେଇ ବନ୍ଧୁକ ନଳୀର ମୁନରେ
ହଁ ଶିଉଳି ଗଛରେ ?
ଜାଣିଛି ପୂର୍ବପରି
ତୁମେ କହିବ ଦୁଃଖ ରଙ୍ଗର !

ସବୁଥର ପରି ଏଥର ବି ମୋ ଉତ୍ତର
ନା.. ଧୋକା ରଙ୍ଗର !

ଅକାମୀ ଦିଶୁଥିବା ବନ୍ଧୁକ କେବେ ଚଳେଇଛ
ଯଦି ବନ୍ଧୁକ ଚାଲେ ?

କ'ଣ ହବ ଗୁଳିମାନଙ୍କର

ଆହା ଗୁଳିମାନଙ୍କ ପାଇଁ
ତୁମେ କେତେ ନିବିଡ଼ ଚିନ୍ତାରେ !

ବନ୍ଧୁକ ନଳୀରେ ଫୁଟିଥିବା
ସେ ଶିଉଳି ଫୁଲର କଥା
କିଏ ତ ଆସି ପଢ଼
ଏଇଠି... ମୋ କବିତାରେ !

■

ଝର୍କା

କେବେକେବେ ଜଣକ ପାଇଁ ବି
ଅଟକି ଯାଏ ପୃଥିବୀ !

ଠିକ୍ ସେବେଳେ
ଧାଡ଼ି ବାନ୍ଧି ଆଉ ଚାଲନ୍ତିନି ପିମ୍ପୁଡ଼ି
ଜଙ୍ଗଲ ଓଠରୁ ବିଲକୁଲ୍ ହିଁ ଶୁଭେନି
ପକ୍ଷୀଙ୍କ କାକଳି !

ତାରାମାନେ ଖସିପଡ଼ନ୍ତି
ଡହଡହ ନଈବାଲିରେ
ଜହ୍ନଠି ଦିଶେନି
ରୂପା ରଙ୍ଗର ଠେକୁଆ ଆଗଭଳି !

କଟିଯାଏ ପବନର ଡେଣା
ସମୁଦ୍ର ମୁହଁବୁଲେଇନିଏ ମୁହାଣରୁ
ନଈମାନେ ହୁଅନ୍ତି ବାଟବଣା !

ସୂର୍ଯ୍ୟ ଚନ୍ଦ୍ର ଲିଭିଯାଆନ୍ତି ଆକାଶରୁ
ପେଜ ରଙ୍ଗର ଦେହ ଧରି ବୁଲେ ରାତି !
ସକାଳ ଶାଢ଼ୀରେ ଉଇ ଚରିଯାଏ
ମେଘ ପୋଡ଼ି ତିଆରି ହୁଏ ମାଟି ।

ସତରେ କେବେକେବେ
ନିରବତାର ଜିଭ ନ କଅଁଳିଲେ ବି
ଜଣକ ପାଇଁ ଅଟକିଯାଏ ପୃଥିବୀ !

ପାଗଳ

ମୁଁ କହେ
ଗୋଟେ ନଈ ସବୁ ନଈ ପରି ନୁହଁ!
ସେମାନେ ହସନ୍ତି!

କାରଣ ମୁଁ ଆଖି ବୁଜିଲେ ବି
ମତେ ଦିଶେ ସେଇ ନଈର
ନଅ ବାଙ୍କ!
ସେମାନେ ଜୋର୍‌ରେ ହସନ୍ତି!

ନଅ ବାଙ୍କରେ ନଅ ନଅଟି ତାଳଗଛ
ନଅଟି ଲେଖାଏ ତାଳ ଗଛରେ
ନଅ ନଅଟି ବଗ
ନଅଟି ଯାକ ବଗ ଗିଳିଥାନ୍ତି
ନଅ ନଅଟି ତୋଡ଼ି,
ସେଇ ନଅ ନଅଟି ତୋଡ଼ିଙ୍କ ପେଟରେ ଥାଏ,
ନଅ ନଅଟି ଗୋଡ଼ି!

ଏତକ ମତେ ଦିଶେ ବୋଲି ତ
ମୁଁ ସେ ନଈକୁ ସବୁବେଳେ ସ୍ଥିର କୁହେ

କିନ୍ତୁ ସେମାନେ ଏଥର ହସନ୍ତିନି
କୁହନ୍ତି 'ଧେତ୍ ପାଗଳ'!

କବି

କେବେକେବେ ମୋ ପୁଅଡୋଳାକୁ
ଆଇନା ଭଳି ଟାଙ୍ଗିଦେଇ ମୁହଁରୁ ବ୍ରଣ ଖୋଜେ ସେ !
କିଏ ବୋଲି ଯେତେ ପଚାରିଲେ ବି
ଉତ୍ତର ନଦେଇ ଉଭେଇଯାଏ ସେ

କେବେକେବେ ମୁଁ ଶୋଇଥିବା ବେଳେ ହିଁ
ମୋରି ହାତରେ କଲମ ଧରେ ସେ
କ'ଣ ଲେଖୁଛୁ ବୋଲି ପଚାରିଲା ବେଳକୁ
ଆଲୁଅରେ ମିଶିସାରିଥାଏ ସେ !

ମୁଁ ରାଗିଗଲେ ସେ ଆଖି ବୁଜିନିଏ
ମୁଁ ଲାଜକଲେ ସେ ଜିଭ କାମୁଡ଼ିଦିଏ
ମୁଁ ଜିଦିକଲେ ସେ ମୁରୁକି ହସୁଥାଏ

ସବୁବେଳେ କିଛି ନା କିଛି ଗପୁଥାଏ ସେ
ରାସ୍ତା ଉପରର ଯେତେସବୁ ରକ୍ତ ଛିଟା,
ବରଗଛ ଛାଇରେ ଉଧେଇପାରୁନଥିବା ଫୁଲଗଛ କଥା,
ପଲିଥିନରେ ବିକ୍ରି ହେଉଥିବା ନିଃଶ୍ୱାସ କଥା,
ବୋମା, ବାରୁଦ, ବିସ୍ଫୋରଣ, ନଈ, ନାରୀ, ନିଆଁ କଥା
କିନ୍ତୁ କିଛି ଗୋଟେ ବି ମୁଁ ସ୍ପଷ୍ଟ ଶୁଣିପାରେନା

କେବେକେବେ ତ ରାତିଅଧରେ ମୋ'ରି ଶବ ପାଖେ ବସି
ଲୁହ ଝରାଉଥାଏ ସେ !
ଅବିକଳ ମୋରି ସ୍ୱରରେ ରାହାଧରି କାନ୍ଦୁଥାଏ !

ମୁଁ ଚାହିଁଲେ ବି ତା' ଲୁହ ପୋଛିପାରେନା

ପୁଣି ସକାଳହେଲା ବେଳକୁ
ନା ସେ ଥାଏ, ନା ଶବ ନା କାନ୍ଦଣା !

ସତ କହୁଛି ସେ କିଏ, କ'ଣ ଚାହେଁ, କୋଉଠି ରୁହେ
ମୁଁ କିଛି ବି ଜାଣିପାରେନା !

ପ୍ରିୟଶତ୍ରୁ

୧)
କେବେକେବେ ଯେତେ ଚେଷ୍ଟା କଲେ ବି
ସୁନ୍ଦର ଦିଶେନି ପୃଥିବୀ
ଯେମିତି ଏଇ ଏବେଏବେ ଦିଶୁଛି ମତେ

ତଥାପି ହେ ମୋର ପ୍ରିୟଶତ୍ରୁ !
ମୁଁ ଭାଙ୍ଗିଯାଇନି
ମୋ ଭିତରେ କେହି ବି
ଭାଙ୍ଗିଯାଇନାହାନ୍ତି !

୨)
ତୁମ ଆଙ୍ଗୁଠି ଟିପରେ
ଗୋଟେ ନର୍କ ଅଛି ବୋଲି
ସେମାନେ ମତେ କୁହନ୍ତି

ତଥାପି ମତେ ଚୁମିବାକୁ ଦିଅ ନା
ତୁମ ନଖର ଦେହ

କହୁଚ ତ ମୋ ଜିଭରେ ହାଡ଼ ନାହିଁ

ଧାରୁଆ ହେଉ ତୁମ ନଖର ମୁନ
ବଦଳରେ ଗାଢ଼ ହେଉଥାଉ
ମୋର ପ୍ରତିଟି ଚୁମ୍ବନ !

୩)
ତୁମର କିଛି ଅଟ୍ଟହାସ୍ୟ କୁହେ
ତୁମେ କୁଆଡ଼େ ଲିଭୁଥିବା ନିଆଁ

ହସର ଯଦି ଆଖି ଥାଆନ୍ତା ନା

ମୁଁ ଭେଟେଇଥାନ୍ତି
ଜଳୁଥିବା ବର୍ଷା ଗାଁ !

ନାଁ

ଯେଉଁଦିନୁ ମାଙ୍କଡ଼ାପଥରରେ
ସ୍କୁଲପାଚେରୀର ଚମଛେଲି
ତୁମେ ଲେଖିଥିଲ
ତୁମ ନାଁ, ଯୁକ୍ତଚିହ୍ନ, ମୋ ନାଁ,
ଗାଢ଼କରି ଆଙ୍କିଥିଲ
ପାନପତ୍ର, ଟେର୍ଛା ତିରଚିହ୍ନ
ସେବେଠୁ ମୋ ବାଆଁକଡ଼ ବେକରେ ରକା!

ସେ ରକାର ବି
ଗୋଟେ ନାଁ ଦିଆଯାଉ ।
ଠିକ୍ ଯେମିତି
ବେଣିରେ ରିବନ ବାନ୍ଧିବା ବୟସରେ
ଗୋଲାପ ଶୀର୍ଷକରେ ଉପନ୍ୟାସ ଲେଖିଥିବା
ସେଇ ଝିଅଟିର ନାଁ ତୁମେ ପ୍ରେମିକା ଦେଇଥିଲ ।

ଆଙ୍ଗୁଳିରେ ଆଙ୍ଗୁଳି ଛନ୍ଦି
ଯେଉଁଦିନରେ ଆମେ ମିଶିକି ଝୁଣ୍ଟିଥିଲେ
ମାଟି ରାସ୍ତାରେ,
ସେ ତାରିଖ ଆଜି ବି ଗଣ୍ଠି ହେଇ ଝୁଲୁଚି
ମୋ ବୋଉର କାନିରେ!

ପୂରାରାସ୍ତା କିଏ କଣ ଚାଲିଲେଣି କୋଉଠି ? !
ଚାଲନା ..
ଆମର ସେ ଅଧାଚଲା ରାସ୍ତାର ବି
ଗୋଟେ ନାଁ ଦବା ।

ଯୋଉଠି, ଶେଷ ବୈଶାଖରେ ଆଜିବି
କୃଷ୍ଣଚୂଡ଼ାଗଛ ଲାଜକରେ ଲାଲ ଓଢଣୀରେ,
ଆଉ ଦ୍ୱିତୀୟା ତିଥିରେ କମଳାଚକୋଲେଟ
ଭଳି ଦିଶୁଥିବା ଜହ୍ନ ବି
ପ୍ରେମ ରାଗିଣୀରେ ମାତେ ଅଧରାତିରେ !
ଯୋଉଠି, ରାସ୍ତାକଡ଼ର ଲାଜକୁଳି ଆଜିବି
ଲାଜକରେ ବେହିଆ ପବନର ହାଲକା ଚୁମାରେ
ଆଉ ଯୋଉଠି ଅଲାଜୁକି ପାଣିକୁଆ
ପ୍ରେମିକ କତିରେ
ଫୁଙ୍ଗୁଳା ଦେହକୁ ଶୁଖଉଥାଏ ଇଲେକ୍ଟ୍ରିତାରରେ !

'ନାଁ ଦଉଥିବା ଲୋକଟା ଯେ
ସବୁବେଳେ ପ୍ରେମିକ' ଏକଥାକୁ କିଏ କାଟିପାରେ ?
ସେଯୋଗୁଁ ଦରଜ, ରାସ୍ତା, ଆଉ ସମୟର ନାଁ
ସବୁବେଳେ ଖୋଜାପଡେ ପ୍ରେମିକା ଭାଗ୍ୟରେ !

■

ଜଙ୍ଗଲ

ସେମାନେ ମୋ ପରିଚୟ ମାଗିଲେ,
ମୁଁ କହିଲି
ମୁଁ ମେଘକୁ ଡିଆରେ !

ସେମାନେ ଫେରିଯାଉଥିଲେ,

ମୋ ଦେହର ଅଧାଭାଗ କହିଲା
ତମେ କ'ଣ ଦେଖିଛ କେବେ
ମୋ ସବୁଜ ଦେହରେ ବହୁଥିବା
ରକ୍ତ ବି ଖୁବ୍ ନୀଳ !
ଯେଣୁ ଜୀବନ ହିଁ ମୋର ଜବରଦସ୍ତ ଜିଦ
ତେଣୁ ମୁଁ ଗୋଟେ ଗଛ ଛାଇରେ
ଭୟ ପାଲୁଥିବା ଜଙ୍ଗଲ !

ସେମାନେ ମୁହଁ ଫେରେଇଦେଖିଲେ,

ମୋ ଦେହର ଅନ୍ୟଭାଗଟି କହିଲା
ତମେ କ'ଣ ବୁଝିଛ କେବେ
ଦୁଇ ଅକ୍ଷର ସନ୍ଧିର ଶୂନ୍ୟତାରେ ବି ରହିପାରେ
କେତେ କେତେ କୋଳାହଳ ?
ଯେଣୁ ମୋରି ଗର୍ଭରେ ଜନମୁଥାଏ

କାକଳି, କାନ୍ଦଣା, କମ୍ପନ, କୁହୁତାନ
ତେଣୁ ମୁଁ ଗୋଟେ ଅନ୍ତର୍ମୁଖୀ ମେଘକୁ
ମାଟି ଯାଚୁଥିବା ଜଙ୍ଗଲ !

ସେମାନେ ମତେ ମୋ ପରିଚୟ ଦେଲେ
କୁଆଡେ ମୁଁ ମେଘରେ ତିଆରି !

■

ପୁରୁଣା କଥା

ଏଇ ମୋ ସାମ୍ନାରେ
ଯୋଉ ଗଛଟି ଠିଆହେଇଛି
ପାଞ୍ଚ ବର୍ଷ ପୂର୍ବରୁ ସେ ଏତିକି ଡେଙ୍ଗା ନଥିଲା ।
ପଚିଶି ବର୍ଷ ପୂର୍ବରୁ ସେ ଏଠି ବିଲକୁଲ ବି ନଥିଲା ।
ସେ ସିନା ଏଇଠି ନଥିଲା,
କିନ୍ତୁ କୋଉଠି ନା କୋଉଠି ତ ଥିଲା !

ହୁଏତ ସେ ଶୋଇଥିଲା ସେଇ ଜାତିର
କୌଣସି ଏକ ଗଛର
ଫଳ ଭିତରେ ମଞ୍ଜିହୋଇ
କିମ୍ବା ଝୁଲୁଥିଲା
ଫୁଲ ଭିତର ପରାଗହୋଇ
କିମ୍ବା ବୋହୁଥିଲା
ସେଇ ଜାତିର କୌଣସି ଏକ ଗଛ ଗଣ୍ଡିର
ବିନ୍ଦୁ ବିନ୍ଦୁ ସବୁଜ ରକ୍ତହୋଇ !
ଏମିତି ବି ହୋଇଥାଇପାରେ ଯା' ପୂର୍ବରୁ
ସେ ମଞ୍ଜି, ପରାଗ କି ଫୁଲ ବି ହୋଇନଥିଲା
ଏମିତିକି ଗଛଟିଏ ବି ହୋଇନଥିଲା
ତେବେ ସେ କ'ଣ ଥିଲା ?

ଏଇ ଆମ ଅଗଣାରେ
ଯୋଉ ମାଠିଆଟି ପଡ଼ିଛି
ଦିନେ ସେ କିଛି ମାଟି ଥିଲା
ତା'ର ଅନେକ ପୂର୍ବରୁ ସେ ମାଟିତକ
ନିଶ୍ଚେ କିଛି ଚୁନିବାଲି ଥିଲା
ତା'ର ଅନେକ ପୂର୍ବରୁ
ହୁଏତ ସେ ଛୋଟ ଛୋଟ ପଥର
କିମ୍ବା ବିରାଟ ଶିଳାଖଣ୍ଡଟେ ଥିଲା ।
ଆଉ ତା'ର ଅନେକ ଅନେକ ଅନେକ ପୂର୍ବରୁ
ହୁଏତ ସେ ଥିଲା କୌଣସି ଏକ ଧ୍ୟାନମଗ୍ନ ପାହାଡ଼
କିନ୍ତୁ ତା' ପୂର୍ବରୁ ସେ କ'ଣ ନଥିଲା ?
ମୋ ନ କହିପାରିବାରେ ତା'ର କ'ଣ କାଲିଟିଏ ନଥିଲା ?

ଏଇ ଯୋଉ କାଠଚଉକିରେ ବସି
ତମେ କବିତା ପଢୁଛ, ସେ ବି ଦିନେ ଚଉକି ନଥିଲା
ଏକଥା ତମେ ଆଉ ମୁଁ ବି ଜାଣିଛେ ଯେ

ଦିନେ ସେ କିଛି କାଠପଟା ଥିଲା
ଆଉ ତା ପୂର୍ବରୁ
ଗୋଟେ ଶାଗୁଆନ ଗଛର ମେରୁଦଣ୍ଡ !
ତା' ପୂର୍ବରୁ
ହୁଏତ ସେଇ ଗଛର ବୀଜପତ୍ର,
ଆଉ ତା' ପୂର୍ବରୁ ହେଇଥାଇପାରେ
ଭୂଇଁରେ ତପସ୍ୟାରତ ବିହନ !
କିନ୍ତୁ ତା' ପୂର୍ବରୁ ତା' ପୂର୍ବରୁ ବି ସେ ଥିବ
କାହିଁକିନା କାଲି ବିନା ଆଜିଟିଏ କେମିତି ସମ୍ଭବ !

ଏମାନଙ୍କ ପରି ମୋତେ ବି ଦେଖୁଛି ମୁଁ
ଅବଶ୍ୟ ମୋ ଆଖି ଲମ୍ବିପାରୁନି ବେଶୀ ପଛକୁ !
ଏଇ ଯେମିତି ଆଜି ମୁଁ ଯୁବତୀଟିଏ
କାଲି ଥିଲି ଶିଶୁଟିଏ
ତା'ପୂର୍ବରୁ ଥିଲି ଭ୍ରୂଣଟିଏ,
ଆଉ ତା' ପୂର୍ବରୁ...ତା'ପୂର୍ବରୁ ବି ତ
କୋଉଠି ନା କୋଉଠି ବଞ୍ଚିଥିଲି ହେଇ ମୁଁ ଟିଏ !

■

ଟଗର ଫଳ

ଯୋଉଦିନ ବୁଢାନଖରେ ଝୁଣ୍ଟିଲି
ପଳାଶ ଗଛର ଛାଇ
ପ୍ରଥମ କରି ସେଦିନ ହିଁ ଜାଣିଲି
ବିନା ଖଣ୍ଡିଆରେ ବି ଗାଧୁଆଘରେ
ବହିପାରେ ଲାଲ ପାଣିର ନଈ !

ଆହୁରି ବି ଜାଣିଲି,
ନୁଖୁରା ଦେହରେ ତେଲ-ହଳଦୀ ନାଁରେ
କେମିତି ନେସାହୁଏ ବୋଉର ନାଲିଆଖି,
ଜେଜେମାର ଆକଟ,
ଟିପେ ଲୁଣ ଜିଭରେ ମାରିବାକୁ କହି
କେମିତି ସିଲେଇ କରିଦିଆଯାଏ
ଦୁଇ ପଟ ଓଠ !

ସେଦିନ ହିଁ ଜାଣିଲି
ଝିଅଟିଏ ଦୁଇଥର ଗାଧେଇଲେ,
ତା' ଛାଇଠୁ ବି ଦୂରକୁ ପଳାଏ
ଚଉଁରାର ତୁଳସୀ ପତ୍ର, ବାପାଙ୍କ ଭାଗବତ ଧୋତି
ଶିବ ମନ୍ଦିରକୁ ଲମ୍ୱିଥିବା ବାଟ !
ଜାଣିଲି ବୟସର ଏକ ନିର୍ଦ୍ଦିଷ୍ଟ ଗଳିରେ
ଦାଣ୍ଡଦୁଆରେ ଆମ୍ବଡାଳ ପରି ଟଙ୍ଗାହୁଏ

ଫ୍ରକ୍ ପିନ୍ଧା ବୟସର ଡୋର, କୋଇଲି ମାଡ଼,
ଗୁଡ଼ି ଉଡ଼ଉଥିବା ହାତର ଲଟେଇ, ଖପରାର ଗାର !

ଏକଥା ବି ଜାଣିଲି, ଝିଅଟେ ଯେବେଠୁ
ଅଛୁଆଁ ରଙ୍ଗର ସାତଦିନ, ସାତରାତି ପିନ୍ଧେ
ସେବେଠୁ ବାଡ଼ିର ସବୁଫୁଲ ଫୁଟେ,
ଜେଜେମା ଭଅଁରକୁ ଡ଼ରେ,
ସନ୍ତର୍ପଣରେ ବାପାଙ୍କ ଆଖିରୁ ଲୁହଧାରେ ଖସେ

ଏତେ କଥା ଜାଣି ବି ଦିନେ
ବୋଉକୁ ପଚାରିଦେଲି
ବୋଉଲୋ ଏଥର ମେଘ ଉଠେଇଲେ
ମୁଁ କ'ଣ ଆଉ ଚଢିପାରିବିନି ଛାତର ପାହାଚ ?
ବୋଉ କହିଲା ମେଘ କଥା କହୁଚୁ ତ,
ଟଗର ଗଛରେ ଫଳ ଧରୁ
ମେଘକୁ ଚିଠି ଲେଖିବୁ,
ମୟୂର ପାଲଟିଯିବୁ !

■

ବୋଉ ଓ ଜଗନ୍ନାଥ

ନିଜ କାନି କପଡ଼ାର ଛାତିକୁ
ଲାଲ ଆଉ କଳା ସୂତା ବନ୍ଧା ଛୁଞ୍ଚିରେ
ବାର୍‌ବାର୍ ବିଦାରି
କେଜାଣି କ'ଣ ଗଢୁଥିଲା ସେ ?

ମୁଁ ପଚାରିଦେଇଥିଲି
ଭଲ ଶାଢ଼ୀ କାହିଁକି ଚିରୁଛୁ ?
ଗୁଣୁଗୁଣୁ ହେଇ କହିଥିଲା ସେ
'ନଷ୍ଟ ନହେଇ କିଏ ବା ଗଢ଼ି ହେଇଛି ?
ସେ ସଂସାର ହେଉ କି ଈଶ୍ୱର !'
ମୁଁ ଅନେଇ ରହିଥିଲି କେବଳ

ସେଇ କପଡ଼ା କାନ୍ଥ କଣ୍ଟାରେ
ଝୁଲିଲା ପରେ ଯାଇ ଜାଣିଲି
ସେ କୁଆଡେ ଜଗନ୍ନାଥ !
ମାଟି କାନ୍ଥରୁ ମୋର
ମାଟି ଛଡେଇ ଖାଇବା ବୟସରେ ହିଁ
ସେଇ କାନ୍ଥକୁ ଦେଖାଇ
ବୋଉ ମତେ ଚିହ୍ନେଇଥିଲା ସଂସାର
କହିଥଲା
ଦୁଃଖ ଭଳି ସଂସାର ବି ଗୋଟେ ବାଦାମୀ ରଙ୍ଗର ଗଛ

ଯୋଉଠି ଫୁଟେ କଳା ରଙ୍ଗର ଫୁଲ
ଫଳେ ଧଳା ରଙ୍ଗର ଫଳ
ଯାହାର ମଞ୍ଜି ଲାଲ ରଙ୍ଗର !
ଯେ ମାଟିରେ ପଡ଼ିଲେ
ସେଇଠୁ ପୁଣିଥରେ ଗଜାମାରେ ସଂସାର !
ଆହା କେଡ଼େ ସୁନ୍ଦର !

ପରେ ବି କୋଉ ବୁଝିପାରିଲି ସଂସାର ଚିତ୍ର ?
କେବଳ ଦେଖୁଥିଲି ସେଇ କାହ୍ନୁ !
ଦେଖୁଥିଲି ଜଗନ୍ନାଥ !

ତାକୁ ଭାଙ୍ଗିଯିବାରୁ ଗଢିହେବାକୁ ଦେଖି
ନଦୀଦାଢ଼କୁ ଜଗେଇଆସିଲି ବାଲିଘର,
ଅଧା ବାଟରୁ ଆମ ହାତ ଛାଡିଦେଇଥିବା
ମୁହୂର୍ତ୍ତ ମାନଙ୍କ ପାଇଁ ଫୁଟେଇଲି
କ୍ଷମାରଙ୍ଗର ଫୁଲ,
ତା ଗର୍ଭଗୃହର ଅନ୍ଧାରକୁ
ମୋ ଆଖିରେ କଜ୍ଜଳ କରି ନେସିଥିବା
ପ୍ରେମିକକୁ ଦେଇଦେଲି ତଳ ଓଠର ରକ୍ତ !

ତା ଭାଙ୍ଗିଯିବାରୁ ଗଢିହେବାକୁ ଦେଖି ହିଁ
ରଙ୍ଗମରା ଦିନ ମାନଙ୍କରେ ବି
ବଦଳେଇଲି ନାହିଁ
ଅଚଳ ଡଙ୍ଗାରେ ଭଙ୍ଗା ଦଦରା କାତ,
ଆଉ ପିନ୍ଧିଚାଲିଲି
ସେଇ ସମାନ ଅଧା ସିଆଁ ପଣତର ସତ !

ଛ' ଖଣ୍ଡ କାଠକୁ ସିଢ଼ି କରି
ଅଜଣା ରାଇଜରେ ଆଜି ବୋଉ !

ଶେଷ ସମୟରେ ମୋ ହାତରୁ
ତୁଳସୀ ପାଣି ପିଇବା ବେଳେ
କାନରେ କହିଥିଲା ମୋର
କହିଲୁ... କାନଭାସ୍‌ରେ କେମିତି ଦିଶେ
ସଂସାର ଗଛର ପତ୍ର ?

ସେବେଠୁ ମୁଁ କହିଚାଲିଛି କେହି ତ ଆଙ୍କିଦିଅ
କୋଇଲି ବୈକୁଣ୍ଠରେ କଅଁଳୁଥିବା
ଗୋଟେ ନିମଗଛର ଚିତ୍ର !

■

ପିଲାଦିନ

ବାଇଆ ଚଢେଇ ବସା ସେପାଖୁ
ଦିଶୁଥାଏ ଲାଲ ସୂର୍ଯ୍ୟ
ମୁଁ ମନେପକାଏ ପିଲାଦିନ କଥା, ବୋଉ କଥା
ସେ କୁହେ 'ଦେଖ୍ ସୂର୍ଯ୍ୟ କେମିତି ଯାଉଛନ୍ତି ମା' କୋଳକୁ
ନମ କରେ...'
ମୁଁ କୁହେ ମୁଁ ତୋ କୋଳରେ ଲୁଚିଗଲାବେଳେ
ଅନ୍ୟମାନେ କ'ଣ ନମ କରୁଥିବେ ମତେ ?
ସେ ହସୁଥିଲା

ଆଜି ମୁଁ ହସୁଛି
ପାଖ ଦେଇ ଉଡ଼ିଯାଉଛି ନାଲିକଙ୍କି
ସେବେଳେ ଭାବୁଥିଲି କଙ୍କିମାନେ ବଡ଼ହେଲେ
ହେଲିକପ୍ଟର ପାଲଟିଯାଆନ୍ତି !
ହେଲେ ଆଜି ହେଲିକପ୍ଟର ଦେଖିଲେ ବି
କଙ୍କିମାନେ ମନେପଡ଼ନ୍ତିନି ଆଉ !

ବର୍ଣ୍ଣମାଳାର 'ଅ' ବାଡ଼ି ଧରି ଚାଲିଲେ
'ଆ' ହେଇଯାଏ !
'ଚ' ତଳେ ଗାଈଛନ୍ଦ ଦେଲେ
ସେ 'ଛ' ହେଇଯାଏ।
ଆଉ ସେ ଗାଈଛନ୍ଦ ମୁଣ୍ଡଟେକି ସିଧା ଠିଆହେଲେ
ପାଲଟିଯାଏ ବିସର୍ଗ ।
ଏବେ ଆଉ ସେ ଖରାରଙ୍ଗର ବେତ ନାହିଁ
କି ନାହାନ୍ତି ବି ନରହରି ସାର୍ !

ତଥାପି କୋଉ ଏକ ଦିଗରୁ
ପବନରେ ଫିସ୍ ଫିସ୍ ଭାସିଆସେ କାହା ସ୍ୱର
କିଏ ସେ... ?
ଯେ ମୋରି କଥାକୁ ମୋରି ଭିତରେ ତନ୍ନତନ୍ନ କରେ !

ଏଇ ଯେମିତି ମନେ ପକାଇଦିଏ
ହାତୀମାନେ ମରିଗଲେ ପାହାଡ଼ ହେଇଯିବା କଥା,
ଉତ୍ତର ଆକାଶରେ ଜେଜେ ଜେଜିଙ୍କ
ତାରା ହେଇ ରହିବା କଥା !
ସାମାଜିକ ବହି ଭିତରେ
କଅଁଳ ବରଓହଳ ଆଉ ମୟୂରଚୂଳ ରଖିବା କଥା,
ସ୍କୁଲବ୍ୟାଗ୍ ଭିତରେ ଲୁଚିଥିବା କଟା ଆମ୍ବ, ଲଙ୍କାଛେଚା,
ସାରୁଗଛର ଫୁଲକୁ କଦଳୀ ଭାବି

ଚୋବେଇସାରିବା ପରେ ଫୁଲି ଯାଇଥିବା ଓଠ କଥା,
ପିମ୍ପୁଡି ମାନଙ୍କୁ ଧାଡି ବାନ୍ଧି ଚଲେଇ ଶିଖେଇଥିବା
ବାପା-ପିମ୍ପୁଡି ପାଇଁ ବିସ୍କୁଟ ଫିଙ୍ଗିବା କଥା ।
ଆହା..
ଯେଉଁ ଦିଗରୁ ଲମ୍ବିଆସେ ଏତେକଥା
ସେ ଦିଗରେ ବହୁତ ଖୋଜିଲାପରେ
ଡେଙ୍ଗା ତାଳଗଛରୁ ଦିଶୁଥାଏ
ଓହଳିଥିବା ବାଇଆ ଚଢେଇ ବସା !

ଯୁଦ୍ଧ

ଖୁବ୍ ଶୀଘ୍ର କଙ୍କାଳମାନେ
ପୋଷାକରେ ଲୁଚେଇବେ ଲଜ୍ଜା

ପକ୍ଷୀମାନେ ଭଙ୍ଗା ଥଂଟରେ ଗାଇବେ
ପ୍ରେମର ସଙ୍ଗୀତ

ପବନର ଦେହରୁ ହଜିଆସୁଥିବ
ଆଇଁଷିଆ ଗନ୍ଧ

କିନ୍ତୁ ମତେ କଞ୍ଚା ଖାଇଚାଲିଥିବ
କେବଳ ମୋରି ରକ୍ତ !

■

କେଜାଣି କାହା କଥା

ରାତି ହେଲେ ତା'କୁ ଦିଶେନି
ତା' ବାଁ ଗାଲର ବ୍ରଣ,
ଆଇନାରେ ତା' ମୁହଁ,
ଆଙ୍ଗୁଳିରେ ଅଧାଛଡ଼ା ନେଲପଲିସ୍
ତା' ଖାଇବାପ୍ଲେଟରୁ ବଳୁଥିବା ସନ୍ତୁଳା
ଘର କାନ୍ଥରୁ ଖସି ପଡ଼ିଥିବା
ପ୍ଲାଷ୍ଟିକ ପ୍ରଜାପତି, ଏମିତି ବହୁତ କିଛି।

ରାତି ହେଲେ ସେ କେବଳ ଟାଙ୍ଗିପାରେ
ଖଟବାଡ଼ରେ ଦିନଯାକର ବ୍ୟସ୍ତତା,
ଲୁଚେଇପାରେ
ସରୁ ହସ ତଳେ,
ତା' ଫଟା ଗୋଇଠିର ଯନ୍ତ୍ରଣା ଇତ୍ୟାଦି।

ରାତି ହେଲେ ହିଁ
ତା' ପୁରୁଣା ପ୍ରେମିକ,
ସୋମବାରିଆ ଅରୁଆ ଭାତ,
ତା' ବଗିଚାର ଫୁଲଗଛ ସମସ୍ତେ
ଏକାବେଳେ ଧାଡ଼ିବାନ୍ଧି
ବାହାରି ଆସନ୍ତି ତା' ଡାଏରୀରୁ

ଏବେଳେ କାହିଁକି ବୋଲି
ସେମାନଙ୍କୁ ପଚାରୁ ପଚାରୁ
ନିଦ ଚରେ ତା' ଆଖିରେ
ପୋଷେ ଚାଉଳ ଅଗଣାରେ ଓ
ଡାମେରାର କା' କା' କୁ ନେଇ
ତା' ସକାଳ ଆଖିମଳେ !

ସେ ଜାଣିପାରେନା ତା' ପାଖକୁ
କାହିଁକି ସବୁଥର ଗୋଟେ ଉତ୍ତର ଫେରେ
ପୁଣି କେତେବେଳେ ?

■

ଅପମୃତ୍ୟୁ

ଗୋଟେ ସହର ଥିଲା
ଯାହାର କେହି ବନ୍ଧୁ ନଥିଲେ

ସେଇ ସହରକୁ
ଖୁବ୍ ବେଶି ଭଲ ପାଉଥିବା ଝିଅଟିଏ
ଦିନେ ସେ ସହର ଛାଡ଼ି ଚାଲିଗଲା

ଯିବା ବାଟରେ ତା'ର ପାଦ ଓଦା ହେଲା
ସେ କିଛି ବୁଝିବା ପୂର୍ବରୁ
ତା'ର ଦେହ ଓଦା ହେଲା
ସେଇଠି ହିଁ ସେ ତା' ଦେହର ତାତିସବୁକୁ
ଧୋଇବାରେ ଲାଗିଲା
ଆଉ ଯେତେବେଳେ ନ ପାରିଲା,
ତା'ର ନିଜ ସହର କଥା ମନେପଡ଼ିଲା
ସେ ପୁଣି ସହରକୁ ଫେରିଆସିଲା !

ସେତେବେଳକୁ କିନ୍ତୁ
ସେ ଝିଅର ଆଖିରେ ଜହ୍ନ ପହଁରୁଥିଲା।
ତା'ର ଦେହର ରଙ୍ଗ ନୀଳ ପାଲଟିସାରିଥିଲା
ଆଉ ତା' ନିଃଶ୍ୱାସରେ ଲୁଣିପବନ ବହୁଥିଲା !

ତା'ର କିଛିଦିନ ପରେ
ଝାଉଁବଣ କଡ଼ରେ ସେଇ ଝିଅଟିର ଶବ ପଡ଼ିଥିଲା
ଯାହାକୁ ଛୁଇଁ ସମୁଦ୍ର କାନ୍ଦିକାନ୍ଦି କହୁଥିଲା
ସହର ବୋଲି ମୋର ଶତ୍ରୁଟିଏ ଥିଲା !

ସେଇ ଘର ବିଷୟରେ

ମୁଁ ଗୋଟେ ଗାଁ କଥା କହୁଛି
ଯୋଉଠି,

ରାତିର ବୟସ ବଢ଼ିଲେ
ଡାକଟିଏ ଜୋର୍‌ରେ ଶୁଭେ
କେଉଁଏକ ନିର୍ଦ୍ଦିଷ୍ଟ ଦିଗ ଆଡୁ

ଡାକ କଥା ପଚାରିଲେ ସେ ଗାଁର
କିଛି ଜଣ କୁହନ୍ତି ଅନ୍ଧାର ଘୋଟିଲେ
ସେମାନେ କାଳେ କାଲ ପାଲଟିଯାଆନ୍ତି
ଆଉ କିଛିଜଣ କେବଳ କାନ ଡେରନ୍ତି
ବାକି ଅଳ୍ପ କିଛି ଜଣ ପାଦ ବଢ଼ାନ୍ତି
ଡାକ ଶୁଭୁଥିବା ଦିଗ ଆଡୁ

ପାଦ ବଢ଼ଉଥିବା କେହିକେହି କୁହନ୍ତି
ସେ ଡାକ କୁଆଡେ ଗୋଟେ ଅମୁହାଁ ଘରଭିତରୁ ଶୁଭେ
ଯୋଉ ଘରପାଖରୁ ପ୍ରାୟ ଅନେକ ଫେରିଆସନ୍ତି
କବାଟଟେ ନ ପାଇ ଭିତରକୁ ଯିବାପାଇଁ

କିନ୍ତୁ ଖୁବ୍ କମ୍ ଜଣ କହିଛନ୍ତି
ସେ ଘରର ଛାତ ଓ ଚାରିକାନ୍ଥ ବି
ଗୋଟେ ଗୋଟେ କବାଟ
ଯା' ଭିତରେ କେହିଜଣେ ଫସିଯାଇଛି
ନିଜକୁ ବାହାରପଟୁ ତାଲା ପକେଇଦେଇ !

■

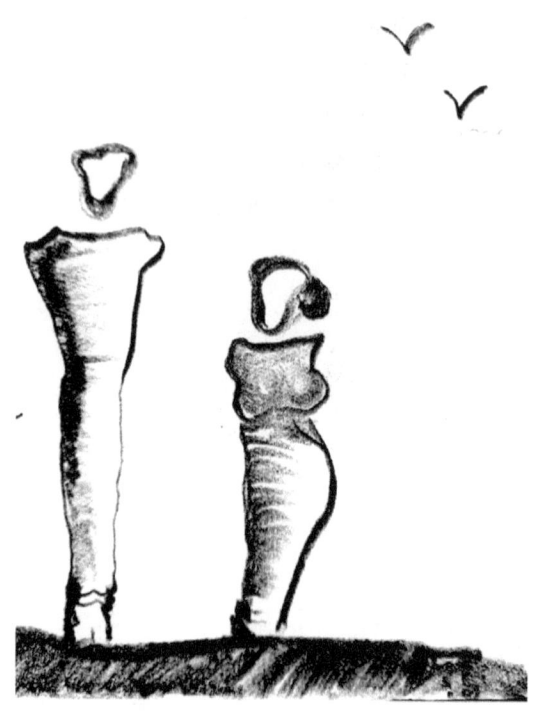

ଛାଇ

ଗୋଟେ ଅଶିଣ ରାତିର ଶେଷପ୍ରହର
ମାଟି ମୁଠେ ପାଇଁ
ଶିଳ୍ପୀକୁ ଡାକିନେଲା ନଗରୀର ଶେଷଗଳିକୁ !

ମାଟି ଧରି ଫେରିଲାବେଳେ
ଅନ୍ୟମନସ୍କତାର ଶବଉପରେ
ଶିଳ୍ପୀ ଆଖିକୁ ବିଜୁଳିବେଗରେ ଛୁଇଁଗଲା
ଜହ୍ନ ପରି ଦିଶୁଥିବା ଅସ୍ପଷ୍ଟ ମୁହଁଟେ,
କେଜାଣି କାହା ମୁହଁ ଛାଇ ପାଲଟେ ?

ହାତରୁ ତା' ଶେଷସ୍ପର୍ଶ ଅଟକିଲା ବାରମ୍ବାର
ଅଟକିଲା ଛାତିଉପରେ ଛାତ ପକେଇବାର ସମୟ
ତଥାପି ଭାଙ୍ଗିଥିଲା ସେ ନିଜର ଯେତେସବୁ ଛାଇ
ଶେଷକୁ ଦେବୀ ଗଢ଼ାହେଲେ ଯାଇ !

ଦଶହରାରେ ଭିଡ଼ଭିତରୁ ସେଇ ଶିଳ୍ପୀ
ଦେଖୁଥିଲା ଦେବୀ !
ତା'ରି ହାତ ଗଢ଼ା, ,
କିନ୍ତୁ ବୁଝିପାରୁନଥିଲା
ଫୁଲଭର୍ତ୍ତି ଦେବୀ ପାଦତଳେ ମୁଣ୍ଡ ନୁଆଇଁବ
ନା ଦେବୀ କବରୀରେ ଫୁଲଟେ ଖୋସିଆସିବ ? !
ଏପଟେ ନିଜ ଛାଇ ତାକୁ ବାରବାର୍ କହୁଥିଲା
ହୁସିଆର୍ ହୁଏତ ତୋଠୁ ଦେବୀ ଯାଏଁ
ଲମ୍ବିପାରୁଥିବା ଛାଇଟି ଆଉ କା' ଆଖି ପିନ୍ଧିଥିବ !

■

ନିଆଁ

ଜଙ୍ଗଲରେ ନିଆଁ ଲାଗେ
ଜଳିଯାଆନ୍ତି ମାଟିଆ ରଙ୍ଗର
ପଶୁ, ପକ୍ଷୀ, ଗଛ ଆଉ ଭରସା !

ସମୁଦ୍ରରେ ନିଆଁ ଲାଗେ
ଜଳିଯାଆନ୍ତି ନୀଳ ନୀଳ
ଢେଉ, ସିପ, ଶାମୁକା,
ପୁଣି କେତେକେତେ ଇଚ୍ଛା !

ମେଘରେ ନିଆଁ ଲାଗେ
ଜଳିଯାଏ ଧଳା ରଙ୍ଗର ଓଢଣୀ
କୁଆଁରୀ କଇଁ, ଫଟା ମାଟିର ଜିଭ,
ଆଉ ଗାଁ ମୁଣ୍ଡ ବରଗଛର ଛାଇ !

ତଥାପି ସବୁଜେଇ ଯାଏ
ପଥରର ଗଣ୍ଠି !
ଡେଣା ବାନ୍ଧି ଆକାଶ ଛୁଏଁ
ବେଳାଭୂଇଁ !
ଆଷାଢ଼କୁ ନିଜର କହି
ଫସଲ, ପାହାଡ଼, ମରୁଭୂମିରେ ବି
ହସୁଥାଏ କେହି !

ଲାଗେ ସବୁରଙ୍ଗ ଫେରିଆସେ ଦିନେ
ଫେରିଆସେ ଦୂରରୁ।

କିନ୍ତୁ ପୁଣି ନିଆଁ ଲାଗେ
ଆକାଶ, ଆସନ, ଆଖିକଣ କେହି ବି
ବଞ୍ଚିଯାଏନି ତା'ର ଆଁ ରୁ ।

ବୁଝିହୁଏନା ଏ ନିଆଁ ରେ କ'ଣ କେବେ
ନିଆଁ ଲାଗେନାହିଁ ?

■

ଲାଲ ରଙ୍ଗର କିଛି ଦୃଶ୍ୟ

୧

ରାସ୍ତାକଡ଼ରେ ଫୁଟିଥିଲା
ଗୋଟେ ଲାଲକଢ଼,
ଫୁଲହେଇ ଚହଟିବା ପୂର୍ବରୁ
ସେଇ ରାସ୍ତାରେ ହିଁ ପଡିଲା
ତା'ର ଛିଣ୍ଡା ଶରୀର !

କଳାହାଣ୍ଡିଆ ହେଲା ଆକାଶ

କିଛି କାହିଁକି ପୋତାହେଲା ମାଟିରେ
ଈଶ୍ୱର ନେଲେ ଦୀର୍ଘଶ୍ୱାସ !

୨

ଚାଳରେ ଖୋସିଦେଇ
ନିଜର ଲାଲ୍ ତାରିଖ
ପରିବାକିଣିବାକୁ ହାଟକୁ ଗଲା
ଧଳାଶାଢ଼ି ଆଦରେଇନେଇଥିବା ଦୁଇ ହାତ

ପରିବା ବ୍ୟାଗରେ ଘରକୁ ଫେରିଲା
ଲାଲଲୁହ, ମୁନିଆ ଦାନ୍ତ

ସଞ୍ଜବତୀ ଜଳିଲା ପରେ ବି
ଯେ ଫେରିପାରିଲାନି
ତାକୁ ଖାଇଯାଇଥିଲା ଖରାଟିଆ ଶୋଷ !

୩
ସକାଳୁ ସକାଳୁ
ସାହାଡ଼ା ଗଛରେ ଲେସିହେଇଥିଲା
ଧାପେ କଜଳର ଗାର,
ମାଟି ଉପରେ ପଡ଼ିଥିଲା
ହଳଦିଆ ପର
ସୋରିଷ-କିଆରୀରେ ଫୁଟୁଥିଲା
ଲାଲ ରଙ୍ଗର ଫୁଲ !

କେହି କିନ୍ତୁ ଦେଖିପାରୁନଥିଲେ
ହଳଦୀବସନ୍ତର ଶବ !

ନିରବତା ଗୋଟେ ସ୍ୱରର ନାଁ

ଖୁବ୍ ନିରବରେ
ପକ୍ଷୀଟିଏ କାଠିକୁଟା ବୋହିଆଣି
ତିଆରିକରେ ଘର,
ତା'ରି ଫଡଫଡ ଡେଣାରୁ କିନ୍ତୁ ଅବିରତ
ଶୁଭୁଥାଏ ସଂସାରର ଚିତ୍କାର !

ଅନ୍ଧାରର ସାମିଆନା ଚିରି
ସକାଳର ସଜ ଖରାରେ
ଚୁପଚାପ୍ ଫୁଟିଥାଏ ଫୁଲଟିଏ,
ପୁଣି ଫୁଲମାଳଟିଏ କେତେ ଯେ ଭିଡ଼ରେ
ଈଶ୍ୱରଙ୍କ ଗଳାରେ, ମନ୍ଦିରରେ !

ବିନା ଶବ୍ଦରେ ଗଛରୁ ମଞ୍ଜି ସବୁ
ଛୁଉଁଥାନ୍ତି ମାଟିର ଜରାୟୁ !
ବୀଜପତ୍ର ମେଲିବା ପରେ
ଦିନେ ସେଇ ଗଛର ମଥାନ ହିଁ
ପବନକୁ ଛୁଇଁ
ମନ୍ତ୍ରପାଠ କରେ ମୁକ୍ତକଣ୍ଠରେ !

ଅତି ନିରୋଳାରେ ବେଳାଭୂଇଁରେ,
ପେଟେଇପଡ଼ିଥାଏ ଶଙ୍ଖଟିଏ,
ଛାତିରେ କିନ୍ତୁ ଧରିବୁଲୁଥାଏ
ସମୁଦ୍ରର ସ୍ୱର, ଯିଏ କଥା କହେ
ହଜାରେ ସଭ୍ୟତାର !

ବିନା ଶବ୍ଦରେ କେହିତ ଜଣେ
ଠୁକ୍‌ଠୁକ୍ ବାଡେଇ ଚାଲିଛି ନିହାଣ,
ତିଆରୁଛି ଅନ୍ତରୀକ୍ଷ ଆଉ ତା ଗର୍ଭର ଶୂନ୍ୟତା
କିଏ ସେ ? କିଏ ବା ହେଇପାରେ ସେ ?
ସେ କ'ଣ ସବୁ ଗ୍ରହ-ଉପଗ୍ରହଙ୍କ ଓଠର ଓଁକାର
ନା କୋଉ ନକ୍ଷତ୍ର କି ନୀହାରିକାର କ୍ଷୀଣ ବଂଶୀସ୍ୱର !

■

ମୋ ପ୍ରେମିକ

ମୁଁ ଜାଳୁଥିବା
ପ୍ରତିଟି ଦୀପକୁ
ଅଧରାତିରେ

ଫୁଙ୍କି ଦେଉଥିବା ନୀଳ ପବନ ସେ
ଯେ ଲୁଚିଯାଉଥାଏ

ମୋ ତମାମ ଅନ୍ୟମନସ୍କତାରେ !

ସବୁ ରାସ୍ତାରେ
ମୋ ସହ ଚାଲୁଥିବା
ଓ କ୍ରମଶଃ ବଢୁଥିବା ଗୋଟେ ଛାଇ

ଯେ ମୋ ଛଡ଼ା
କୋଉଠି ବି ପହଞ୍ଚିପାରେନା
ଏଇ ପୃଥିବୀରେ !

ସମସ୍ତେ ମତେ ଭୁଲିଗଲାବେଳେ
ମୋତେ ଚିହ୍ନିପାରୁଥିବା
ହଳେ ଆଖି

କିନ୍ତୁ ବୁଝିପାରେନି ସେ ନିଜକୁ
ମୋ କବିତାରେ !

ମାଟି କଣ୍ଢେଇକୁ ମୁଁ ଭାବି
ତା ଆଖିରେ
କଜଳ ଲେସୁଥିବା
ହଳେ ହାତ

ଯେ ମୋ ଆଗରେ
ଝାଳ ପିନ୍ଧେ
ସବୁ ରାସ୍ତାରେ !

ସବୁ ଡହଡହ ଖରାରେ
ସେ ଥାଏ ଧଳା କାମିଜରେ
.
.
ଓଃ...ଈଶ୍ୱର !
ତମେ ବି ତ ଦେଖିଯାଅ ଥରେ ।

ପ୍ରେମିକା

ପ୍ରଶ୍ନଟିଏ ଆସେ ମୋ ପାଖକୁ
କ'ଣ କରିଛ ଆଜିଯାଏଁ
ମୁଁ ଉତ୍ତର ରଖେ
ସାଉଁଟି ଚାଲିଛି କେବଳ

ପୁଣି ପ୍ରଶ୍ନ ଆସେ କ'ଣ ?
ମୋଠୁ ଉତୁରିଯାଏ
କୃଷ୍ଣଚୂଡ଼ାର ସଞ୍ଜ, କଅଁଳ କାକର,
ସୋରିଷଫୁଲର ସକାଳ,
ମଧୁମାଳତୀର ରାତି,
ଘୁମୁରୁଥିବା ପାରାର ଦିପହର !

କିଏ ପ୍ରଶ୍ନ କରୁଛି ଭାବି
ମୁଁ ବୁଲିପଡ଼େ ପଛକୁ
ଦେଖେ ଚେଙ୍ଗମାଛ ପରି
ହାତମୁଠାରୁ ଖସିପଡ଼ିଛି ସମୟ !
ମୁଁ ଯାହା ସାଉଁଟିଛି ସବୁକିଛି
ପଡ଼ିରହିଛି ଏଠି ସେଠି ସବୁଠି ।

ଘିଅରଙ୍ଗର ମିଛ, ନୀଳ ନୀଳ ଲାଜ
ନଈପଠାର ବାସ୍ନା ପରି ବାହାନା
ଦି ଚଢ଼େଇଙ୍କ ଥଣ୍ଟ ଘଷାଘଷିର ଚିତ୍ର

ଧେତ୍..

ଏବେ ମୋ ଭିତରୁ କେହିଜଣେ ହସେ
ମୁଁ ନିଜକୁ ଖୋଜିପାଏନା ଆଇନାରେ !

■

ଆମକଥା

ତମେ ସବୁଥର କହିଛ
ଅନ୍ଧାର ପାଖୁଡ଼ା ମେଲିଦେଲେ ହିଁ
ବିଞ୍ଛିହୋଇଯାଏ କିରଣ
ବାସିଉଠେ ଆଲୁଅ !

ମୁଁ ଭାବେ ବାସ୍ନା କାହିଁ ?
ହେଲେ ପଚାରିପାରେନି କେବେ
.
.
ତୁମେ କିନ୍ତୁ ମୋ ଲାଜ ଉପରେ
ଟିପ ଛୁଏଇଁ କହିଦିଅ
ଏଇ..ଉତ୍ତର ପାଇଲ ନା !

ମୁଁ ଚୁପ୍ ରହିଲେ ବି ତମେ କ'ଣ ଜାଣନା
ଛୁଞ୍ଚି ମୁନରେ ବି ମୁଁ ଗୁନ୍ଥିପାରେ ଆକର୍ଷଣ
ପେଜ ସାଙ୍ଗରେ ନିଗାଡ଼ିପାରେ ଶିହରଣ
ତୁମ ସ୍ପର୍ଶରେ ନୀରବତା ଥାଉ
କି ଲାଜ ଚରିଥାଉ
ଆଖିମୁଦି ଆଇନାର ପଛପାଖେ
ମୁଁ କିନ୍ତୁ ଭୋଗିପାରେ ଆଲିଙ୍ଗନ !

ଏବେ ତୁମେ ମାନ କି ନମାନ
କହିରଖୁଛି ଶୁଣ
ଆଜିପାଇଁ କିଣିବନି ମୋ ଗଭାକୁ ଗୋଲାପ
ପ୍ରେମିକା ଟେ ପା..
ମୁହଁଖୋଲି କେବେ କ'ଣ କହିପାରିବି
କିରଣ ବିଛେଇ ହେଇ ବାସୁ କି ନ ବାସୁ
'ଆଲୁଅ ଲାଜେଇଗଲେ ହିଁ ଅନ୍ଧାର'!

■

ଅଳ୍ପକଥା

ଡେଣା

ପ୍ରେମିକ ସମୁଦ୍ର ପାଲଟିଗଲେ
ଲୁଣି ପବନରେ ନିତି ଓଦା ହେଉଥିବା
ପ୍ରେମିକାର ଚୁନୁରୀ

ଯେ ରାତି ଚିହ୍ନି ଶିଖେନା !

ପତଙ୍ଗ

ଆଲୁଅକୁ ଅନ୍ଧାର ଭାବି
ଆତ୍ମଝାସ ଦେଉଥିବା
ଗୋଟେ ହାଲକା ଗୋଲାପୀ ତାରିଖ ।

ଯାହାର ନ ରହିବାରେ
ପୃଥିବୀର କିଛି କ୍ଷତି ହୁଏନା !

ସୁଅ

ସବୁଠୁ ସୁରିଲା ସଙ୍ଗୀତ
ଯେ ନିଜ ପିଠିରେ ଭସେଇନେଇପାରେ
ନାଆ, ନିଆଁ ଆଉ କଳିଜା

କିନ୍ତୁ ନିଜେ ଓଦା ହୁଏନା !

ବତୀ

ପ୍ରେମିକର ଗୀତରେ
ଅଳସ ଭାଙ୍ଗୁଥିବା ଗୋଟେ ଝିଅ

ଯାହାର ଆଖି କେବେ ଫିଟେନା

କାକର

ସକାଳର ଛାତିରେ
ଥପ୍‌ଥପ୍ ହୋଇପଡ଼ିଥିବା
ଗଲାରାତିର ଝାଳ,

ଯାହା କେବେ ମାଟିର ହୁଏନା !

ଅଳ୍ପକଥା – ୨

ତରଙ୍ଗ

ଏ ହାତରୁ ସେ ହାତକୁ
ଡେଇଁ ପଡୁଥାଏ ସମୟ !
ଆଖି ଚିହ୍ନି ପାରେନି
ମନ ଦେଖିପାରେ କେବଳ !!

ଭୋର୍

ହାବୁକାଏ ଥଣ୍ଡା ପବନ
ଯେ ବେକ ତଳ ଝାଳକୁ
ପଢ଼ିପାରେ ଓ ଭଲପାଏ !

କ୍ଷତ

ଯାହାର ଶରୀରଠୁ
ମନ ବେଶୀ ଓଜନିଆ !
ସେପାଇଁ ତ
ଲୁହ ମାନେ ହିଁ ଲୁଣିଆ !!

ପକ୍ଷ
ଶୋଇଯାଇଥିବା ଖଣ୍ଡେ
ଶାଳଗଛର କାଠ
ଯେ ଆଖି ଜଗେଇଦେଇଥାଏ
ଉଇମାନଙ୍କୁ !

ସ୍ୱପ୍ନ
ହସ ଆଉ କାନ୍ଦ ସବୁକୁ
ଥାକଥାକ କରି କାନ୍ଧରେ
ନାଉ କରିଥିବା ଜଣେ ବେପାରୀ

ଯାହାକୁ ପଛକୁ ଫେରି ଚାହିଁବା ମନା !

ଛାଇ
କଳା ରଙ୍ଗରେ ଗାଢ଼ ସତ
ଆଉ ଧଳା ରଙ୍ଗରେ ସୁଦ୍ଧୁ ମିଛ !

ଅଳ୍ପକଥା – ୩

କିନ୍ତୁ
ତୁମେ କାଟୁଛ ଯଦି
କାଟିଚାଲ ମତେ
ସେପର୍ଯ୍ୟନ୍ତ ...,
ଯେପର୍ଯ୍ୟନ୍ତ ସରିନି
ତୁମର ସବୁତକ ବଳ

ତମେ କ'ଣ ଜାଣ
ଜଙ୍ଗଲ ତ ଆଜନ୍ମ ତରଳ !

କିନ୍ତୁ ଶେଷକୁ
ଶୋଷ ମେଣ୍ଟେଇବାକୁ
ତୁମ ଆଞ୍ଜୁଳାରେ ଥିବ
ମୋରି ସବୁଜ ରକ୍ତ
କ'ଣ ତମେ ପ୍ରସ୍ତୁତ ତ ?

କାହିଁକି
ମଞ୍ଚକୁ ଚଢିବା ପୂର୍ବରୁ
ପାଦ ଧୂଳି ଝାଡ଼ିନିଅ ପ୍ରିୟ
କାଲେ ତୁମ ଝାଳ ଲାଗି
ମୋଟେଇଯିବ କାଦୁଅ !

ସତରେ
ମୋର ନା ଭାରି ଭୟ ।

ଜାଣେ ପା
ସବୁପରେ ବି
ତୁମେ ତଳକୁ ଓହ୍ଲେଇବ

କିନ୍ତୁ ଭୁଲିବନି ପ୍ରିୟ
ଦିପହରେ,
କେବଳ ମୁହଁ କାହିଁକି
ଦାଗ ବି ଚକ୍‌ଚକ୍ କରେ
ଖରାର ଆଲୁଅରେ !

କେମିତି

ମନେଅଛି ?
ଆମେ ଥରେ ମିଶିକି ସ୍ୱପ୍ନ ଦେଖିଥିଲେ
ଯୋଉ ସ୍ୱପ୍ନରେ
'ଗୋଟେ ବାଘୁଣୀ ଥିଲା
ଯାହା ଆଗରେ ତୁମେ କାନ୍ଦୁଥିଲ
ସେ ତୁମକୁ ଛାଡିଦେଲା
ଆଉ ନିଜେ କାନ୍ଦିବାକୁ ଲାଗିଲା ।'

ଅବଶ୍ୟ ମୁଁ କାନ୍ଦକୁ ବି ଆଙ୍କିପାରେ
ଚିତ୍ରଖାତାରେ !

କିନ୍ତୁ ସେ ସ୍ୱପ୍ନ ତ

ଆମେଦୁହେଁ ମିଶିକି ଦେଖିଥିଲେ !

କ'ଣ

ପ୍ରିୟ !
ମୁହାଣର ପାଣି ହାତରେ ଧରି
ତୁମେ ନଈର ରଙ୍ଗ ଖୋଜୁଛ ?

ଏମିତିରେ
କେହିକେହି ମନ୍ଦିରର ପଥରକୁ ବି
ଘଷି ମାଜି ଗାଧେଇଦିଅନ୍ତି,

କ'ଣ ତାଙ୍କ ପରି ବି
ତୁମଆଡ଼େ ଈଶ୍ୱର ମାରା ହୁଅନ୍ତି ?

ଉଲ୍‌କା

ସେ ଚାହୁଁନଥିବା ସକାଳକୁ
ଗୋଟିଗୋଟି କରି
ମୁଁ ବାନ୍ଧିରଖେ ପଣତରେ !

ତାରାମାନେ ମିଶିଗଲେ
କାଳେ ଫର୍ଚ୍ଚା ହେଇଯିବ
ସେ ଭୟରେ ମୁଁ ବାଦଲ ଅଣ୍ଟାଳେ
ନଖରେ ଆକାଶ ବିଦାରେ !

ବଦଳରେ ରାତି ମତେ ଝୁଣିଖାଏ
.
କିନ୍ତୁ

ଶବ ମିଳେନି ମୋର
ଏଇ ପୃଥିବୀରେ !

ଗୁରୁ

ସବୁ ରାସ୍ତା କ'ଣ ନିଜ ଠିକଣାରେ ସରେ ?
ଏଇ ପ୍ରଶ୍ନରୁ ହିଁ ଆରମ୍ଭ ହୁଏ ମୁଁ
ଆଉ ମତେ ଯେ ଆରମ୍ଭ କରନ୍ତି
ମୁଁ ତାଙ୍କୁ ହିଁ ପଢ଼ିପଢ଼ି ଦିନେ ସାରିବାକୁ ଚାହୁଁଥିଲି !

ଥରେଅଧେ ଇନ୍ଦ୍ରଧନୁ ରଙ୍ଗ ମାଗେ ତାଙ୍କୁ
ପକ୍ଷୀ ଆସି ଗୀତ ଶିଖେ ସକାଳୁ ସକାଳୁ
ମୁଁ ଆଶ୍ଚର୍ଯ୍ୟ ହୁଏ
ତଥାପି ତାଙ୍କୁ ପଢ଼ିଦେବି ବୋଲି ଭାବେ

ହେଲେ ଆରମ୍ଭ କରିପାରେନି
ଭୁଲିଯାଏ ଅକ୍ଷର, ସବୁତକ ଶବ୍ଦ,
ଶବ୍ଦକୋଷ ତାଙ୍କ ପଟିଆ ହୁଏ !
ମୁଁ କିନ୍ତୁ ଜିଦି ଛାଡୁନଥାଏ
ମନେପକେଇବାକୁ ଚେଷ୍ଟା କରେ ତ
ଦିଶେ କେବଳ ଧଳା ଧୋତି, ଲମ୍ବା ବେତ
କଳା ଛତା, ଚକ୍ ଗୁଣ୍ଡ, ସିଲଟର ଚିତ୍ର !

ପଚାରନି ସେ କିଏ ?

ଆକାଶକୁ କାଗଜ କରି
ସମୁଦ୍ରକୁ କାଳି କରି
ଲେଖୁଛି ଯେ ଲେଖୁଛି କେବେଠୁ ତାଙ୍କୁ,

ହେଲେ ଏବେ ନିଜେ ସରିବାକୁ ବସିଲିଣି !

ଏଇଥର ଗାଁ ଛାଡ଼ିଲାବେଳେ
ମଶାଣି କଡ଼ରେ ପା ଠିଆହେଇଥିଲା
ତାଙ୍କର ଖରା ରଙ୍ଗର ଛାଇ !

ଆଉ ମୁଁ ନିଜେହିଁ ନିଜକୁ ଉତ୍ତର ଦେଉଥିଲି
ସବୁ ରାସ୍ତାର ଠିକଣା ବୋଧେ ନାହିଁ !

■

ମାଣବସା ଗୁରୁବାର

ଭାଇ ଦେହରୁ ମିଳିମିଳା ଦାଗ ଲିଭିବା ପୂର୍ବରୁ
ମୋ ମଥା, ଓଠ, ପାପୁଲି, ପାଦନଖ, ସବୁକିଛି
କାହା ନାଁ'ରେ ପାଇସାରିଥିଲା ଗୋଟେ ନାଲିରଙ୍ଗର ସ୍ୱୀକୃତି !
ଯିଏ ସବୁଦିନ ପାଇଁ ନା କରିଦେଲା
ମୋ କୁଆଁରପୂର୍ଣ୍ଣିମାର ଚାନ୍ଦଗଡ଼ାକୁ ।

ସେଦିନ ବେଦୀରେ ବସି ମୁଁ ପ୍ରଶ୍ନ ଖୋଜୁଥିଲି
ପାଞ୍ଚନମ୍ବର ସେମିଷ୍ଟାର, ଅଧାଲେଖା ରେକର୍ଡ,
ସାଇକେଲ ଚକାର ହାଓ୍ୱା, ଓଡ଼ିଶୀ କ୍ଲାସ,
କେଇଦିନତଳ ପଞ୍ଝୁକର ମୁରୁଜ, ସୋରିଷବିଲର ସୂରୁଜ !

କନକ ଆଞ୍ଜୁଳି ଟେକିଦେବା ପରେ
ଦେଖାଗଲା ଉତ୍ତରର ମୁହଁ,
ଯିଏ ନିଜେ ଥିଲା ଗୋଟେ ପ୍ରଶ୍ନ !
ତା'ର ହଳେ ଲାଲଆଖି ଆଉ ହାତର ପୁଳାପୁଳା କଟାଦାଗରେ
ଆକ୍ରାମାକ୍ରା ହେଲା ମୋ ସତୀତ୍ୱ ।

ଆଜି ଅଷ୍ଟମଙ୍ଗୁଳି ପରେପରେ ମୋ ଦେଇ ଚିମିନିରେ ତାତ
କିନ୍ତୁ ସିଝିସିଝି କଳା ପଡୁଛି ମୁଁ !
ମୂଳାଭଜା, କୋବିକଷା, କୋଶଲାଶାଗ ତରକାରୀ
ପୁରଦିଆ ଏଣ୍ଡୁରି, ବୁଢ଼ା-ସରୁ ଚକୁଳି

ଏସବୁରେ ଖୁସି ପିଇପାରେ ଶୀତଦିନିଆ ଫଟାଓଠ
କିନ୍ତୁ କାଲି ରାତିଠୁ ଦରଫୁଟା ମୋ ଓଠ !

ମତେ ଜଣା, ଲାଲ ରଙ୍ଗର ବନ୍ୟା ଶୁଖିବାପରେ
ମୁଁ ହେବି ମାଟିମୁଁହା !
ମକର କହିଥିଲା କେଇଦିନ ଶୀତର ଜାଡ଼ରେ ରେଜେଇ ତାତିଲେ
ବଦଳିବ ମୋ ପେଟର ପଞ୍ଚଚିତ୍ର,
ସେଯାଏ ଭୋଗିବାକୁ ହେବ ମତେ ଗୋଟେଗୋଟେ ନର୍କ !

ଅଳ୍ପଦିନ ପରେ ମାଣବସା ଗୁରୁବାର,
ଆଜିଠୁ ଧୁଆ-ଧୋଇ, ଲିପା-ପୋଛା ।
ଭାବିଛି ପୂଜାରେ ମା'ଙ୍କୁ ପଚାରିବି,
ନାରୀପଣକୁ ପିନ୍ଧି କେତେଦିନ ନର୍କ ଭୋଗିଲେ
ସ୍ୱର୍ଗଟିଏ ପାଇହେବ ? !

■

ଦେଶକଥା

ଦେଖିବୁ !
ଦିନେ 'ତୁ, ମୁଁ' ଥିବା ଏଇଠି,
ପୋଷେ ଉଷୁନାଚାଉଳ ଆଉ ହରଡ଼ ଡାଲି
ଏକାଠି ସିଝୁଥିବ ଚୁଲିଉପରେ,
ବାଇଗଣ କିଛି ଗଡୁଥିବ ଚୁଲିମୁହଁରେ,
ଆଉ ଥାଳିଆଟେ ଦରସିଝା ଭାତ ହାଣ୍ଡିରୁ
ମୁକ୍ତିର ଧ୍ୱନିସବୁ ଫିଙ୍ଗୁଥିବ ଆକାଶ ଆଡେ ।

ଭୋକ କ'ଣ ବୋଲି ପଚାରିଲେ କେହି,
ହୁଏତ ଖାଇବାକୁ ଇଚ୍ଛାହବ ଆମକୁ !
ଆଉ ଖାଦ୍ୟ ବଢାହେବ ସେଇଠି, ,
ଯୋଉଠି ତତେ କି ମତେ ଦିଶୁନଥିବ
ଭାତ, ଡାଲି ଓ ଭର୍ତ୍ତାର ରଙ୍ଗ,
କାରଣ ସେତେବେଳେ ତୋର ମୋର
ଗୋଟିଏ ଥାଳିକୁ ଗୋଟିଏ ପେଟ ହିଁ ଥିବ !
ଆହୁରି ବି ଲୋଡ଼ା ପଡୁନଥିବ,
ଧାନମଣ୍ଡି କି ବାଇଗଣ ଭୁଣ୍ଡିର ହିସାବ ।
ସେଇଭଳି ବେହିସାବ ହୋଇ ବି
ଗଡ଼ି ଯାଉଥିବ ସବୁ ତାରିଖ ! !

ତାପରେ ଏମିତି ସମୟ ବି ଆସିବ
ଯେବେ ବଡ଼ ହେଇଯାଇଥିବ ହାଣ୍ଡି
ଆଉ ସେବେ ବି ଦେଖିବୁ
'ତୁ ମୁଁ' ଥିବା ଏଇଠି,
ସେ ଥିବ ସେମାନେ ବି ଥିବେ,
ଥିବ ବି ଦେଶଟିଏ !

ଆଉ ସେବେଳେ ଯଦି ଅବେଳିଆ ଜନ୍ମହୁଏ ଭୋକଟିଏ
ଆଖିରେ କି କଲିଜାରେ କାହାର,
ତେବେ ଚୁଲିରେ ସୁନିଶ୍ଚିତ ବିସ୍ଫୋରଣ,
ବିନା ବୋମାରେ !
ଟଳି ପଡିବ ଛାତି, ଛାତ, ଛତା
ହୁଏତ ଯାହା ବଳିବ
ସେଥିରେ ରକ୍ତଛିଟା, ଭଙ୍ଗାପଥର ବି ଥିବ
ଅନେକାଂଶରେ ।

କିନ୍ତୁ ଏତିକି ବି ମନେରଖ
ପଥରରୁ ମାଟି, ମାଟିରୁ ପତ୍ର
ପତ୍ରରୁ ଦେଶ କଅଁଳିବ ପୁଣି ଥରେ !
ଦେଶ କଅଁଳିବ ପୁଣି ଥରେ !

ପୁଣି, ଦିନେ ଦେଖିବୁ
ଯେବେ ଭୋକ ନଥିବ, ଚୁଲି ନଥିବ
'ତୁ, ମୁଁ' ଥିବା ଏଇଠି ଗୋଟେ ଦେଶରେ !
ଯେଉଁଠି ଛାତ ଗୋଟେ ମିଛକଥା ବୋଲି
ଲେଖାଥିବ ଆକାଶ ଛାତିରେ !

ସମୁଦ୍ର ପୁରୁଷ

ଏକଥା କେହି ଜାଣନ୍ତିନି ଯେ
ଯେତେ ବେଶି ଗାଢ଼ ହୁଏ ରାତି,
ମୋ ଶୋଇବାଘର ଖଟତଳୁ,
ସେତେ ବେଶୀ ଜୋରରେ ଶୁଭେ
ଗୋଟେ ସମୁଦ୍ରର ଗର୍ଜନ !

ଆଇରନ ବଟିକା, ପାଣି ବଟଲ, ବାନାନା କ୍ଲଚର୍
ଡେଲୀ-ଡାଏରୀ, ମୋ ଦେହର ନାଇଟ ସୁଟ
ଏସବୁକୁ ମୁଁ ଶୁଏଇ ଦେଇ,
ଖଟଉପରୁ ପାଦ କାଢ଼େ !

ସେ ସମୁଦ୍ର 'ପୁରୁଷ' ପାଲଟିଯାଏ !
ମୋ ଆଙ୍ଗୁଠି ସବୁକୁ ଗୀଟାରର ଷ୍ଟ୍ରିଙ୍ଗ ଛୁଏଁଇ
ସେ ମୋ ଛାତିରେ ତା'କାନ ଡ଼େରେ !
ମୁଁ ଚମକିଗଲା ବେଳକୁ
ସେ ନିଜ ଓଠରେ ମୋ ଓଠକୁ ଜାକିଧରେ,
ମୋ ନିଃଶ୍ୱାସରେ ନିଃଶ୍ୱାସ ମିଶାଏ,
ମତେ ଗୋଟାପଣ ପିନ୍ଧିପକାଏ !

ମୁଁ ମଝିସମୁଦ୍ରରେ ବୁଡ଼ପକାଏ !
ଯୋଉଠି ତିଳେହେଁ ଫରକ ପଡ଼େନି

କଳିଜାରଙ୍ଗର ଆକାଶ, ତାରାଙ୍କର ଜ୍ୱଳନ
ଝିଙ୍କାରୀର ବିରହ କବିତା କି
ପେଚାର ଶୁଭ ଅଶୁଭର ଧ୍ୱନୀ !
ମୁଁ କେବଳ ବେଫିକର ଭାବେ
ସମୁଦ୍ରର ମଝିରେ ବତୁରୁଥାଏ !

କିନ୍ତୁ ସବୁ ଅନ୍ଧାର ଜଳିଗଲା ପରେ,
ମୋ ଝର୍କାର ରେଲିଂ ଡେଇଁ
ଆଲୁଅ ଟିକେ ଯେବେ ଛିଟିକି ପଡ଼େ
ମୋ ରୁମ୍ ଭିତରକୁ, ସେବେଳେ...
ମୁଁ ସମୁଦ୍ରର କୂଳରେ ପଡିଥାଏ !
ତା' ଚେହେରା କାଳେ କିଏ ଦେଖିନେବ
ଏଇ ଡ଼ରରେ ମୁଁ ସମୁଦ୍ରକୁ
ମୋ ଗୀଟାର୍ ବ୍ୟାଗ୍‌ରେ ରଖିନିଏ !

ସେପାଇଁ ତ ମୋ ଘରଲୋକ, ସାଇପଡ଼ିଶା
କେହିବି ଆଜିଯାଏଁ ଜାଣିପାରିଲେନି
ଦିନସାରା ମୋ ଶୋଇବାଘରୁ
ଯୋଉ ସ୍ୱର ଶୁଭେ
ସେଥିରେ ସମୁଦ୍ରଟେ ଲୁଚିଥାଏ
ଓ ସମୁଦ୍ର ନିଜେହିଁ ସ୍ୱରଟିଏ ବୋଲି !

■

କିଛି ପଚାରନା

ଶୁଣୁଛ !
ସକାଳର ସୂର୍ଯ୍ୟକିରଣରେ
ଶିଉଳି ଗଛରେ ଫୁଲ ଧରିଛି ଆଜି,
ତମେ ପୁଣି ପଚାରିବ କି
ସୁଖ ଋତୁ ଆଉ କେତେ ଦୂର ବୋଲି ?

କ୍ୟାଲେଣ୍ଡରରୁ ପ୍ରଜାପତି ହେଇ ଅଜଣା ସହରକୁ
ଉଡ଼ିଯାଇଥିଲା ଯୋଉ ତିଥି,
ଆଜି ଦୁଆରବନ୍ଧରେ
ଚିଠିହୋଇ ପେଟେଇଛି ସେ !

ହେଲେ ଏବେଳେ ତ ଇଚ୍ଛା ହେଉଛି
ସ୍ୱାର୍ଥ ବୋଲି ସେ ଯୋଉ ମୂହୁର୍ତ୍ତକୁ କହିଥିଲା
ସେ ମୂହୁର୍ତ୍ତର ଦେହରୁ
କାଢ଼ି ଦିଅନ୍ତି ପରସ୍ତ ପରସ୍ତ ଚମଡା

ଯୋଉଠି ସେ ଦେଖନ୍ତା
ନିଜର ସହସ୍ର ଆହତ ପୁଅଡ଼ୋଳା
ଦେଖନ୍ତା
ସଫେଦ୍ କାନ୍ଥ ଓ କଳଙ୍କ ଭିତରର ଦୂରତା
ମାଟି ଆଉ କଟାଜିଭର କଥାବାର୍ତ୍ତା

ଆହୁରି ବି ଦେଖନ୍ତା
ଈଶ୍ୱରୀ ତଣ୍ଟିର କଣ୍ଟା !

ଆଲୁଅର ଅନ୍ତର୍ବସ୍ତ୍ର ହୋଇ
ଅନ୍ଧାର ହିଁ ଚିରକାଳ ଆଖି ମିଟିକା ମାରେ
ତାରି ଭଳି ଉଦାହରଣରେ

ହୁଏତ ସେ ଏତିକି ବୁଝିଲା ପରେ
ମୁଁ ନିହାତି ଫେରି ଆସିପାରେ
ସେଥିଯାଏଁ କେହିବି ଠେଲିଦେଉ
ଗଦାଗଦା ପାଗଳ ବାଦଲ
ମୋ ସହର ଆଡେ
କି ଯାଏ ଆସେ ଯେ ?

ସମୁଦ୍ର ନିଜ ଭାଗ ମେଘ ନିଜେ ହିଁ ତିଆରିବ
ମୋର ଭରସା ଅଛି,
ଏମିତିରେ ମୁଁ ନ କହିଲା ଯାଏଁ
ବର୍ଷା କୋଉ ଯେ ଡେଣା ଝାଡୁଛି ?

ଏଇପା ଏଇ ଏବେଏବେ
ପାଣି ବି ପଥର ପଥର ଲାଗୁଛି
ପ୍ରଜାପତିର ସ୍ୱରରେ ଦେଖୁନ
ଏଇଠି କେମିତି କବିତା କଅଁଳୁଛି !
ରୁହ ମୁଁ ସୁଖ ଭୋଗୁଛି,
ରୁହ ମୁଁ ସୁଖ ଭୋଗୁଛି !!

ଆଜି ବି

ମତେ ବିଲକୁଲ୍ ବି ଜଣାନଥିଲା
ଆଜି ଏମିତି ଅବେଳିଆ ଧକ୍କା
ହୋଇଯିବ
ଜାଣିଜାଣି ହଜିଯାଇଥିବା
ଗୋଟେ ପରିଚିତ ପରଲୋକ ସହ !

ଅବଶ୍ୟ ମୁଁ ଛିଟିକି ପଡ଼ିଲି
ଏଇ ଜମା ଗୋଟେ ପାହୁଣ୍ଡ ଆଗକୁ
କିନ୍ତୁ ଜାଣିନଥିଲି
ଚାରି ପାଦ ପଛକୁ ଫେରି
ସେ ବି ଢାଙ୍କିଦେବ ମୋ ଆଞ୍ଚଳିକ ଆକାଶକୁ
ଗୋଟେ ଗୋଲାପି ବାଦଲରେ !

ଆଉ ତା'ପରେ
ବାରବର ବିଜୁଳିକୁ ବର୍ଷା...

ହଠାତ୍ ଫିସ୍‌ଫିସ୍ ଶୁଣାଗଲା
ତୁମଠୁ ଫେରିକି ବି କୋଉ ଫେରି ହୁଏ,
ଆଉ ମୁଁ ବି ଜୋର୍‌ରେ କହିଉଠିଲି
ମୁଁ ଆଜି ବି ଝଡ଼କୁ ଭଲପାଏ !..

ପାଦ

ପବନକୁ ଥରେ ପଚାରିଲି
ତୁ ତ ସବୁଠି !
ହେଲେ ତୋ ପାଦ ଦିଶେନି କାହିଁକି ?
ସେ ଏତେ ଚୁପ୍ ରହିଲା ଯେ
ମତେ ମୋ ଦୀର୍ଘଶ୍ୱାସ ଦିଶିଲା !

ଗଛକୁ କହିଲି
ତୋ ପାଦ ଥରେ ଦେଖା,
ଯା' ଦେଇ ତୁ ମଲାପରେ ବି ଠିଆ !
କେଜାଣି, କ'ଣ ଥିଲା ତା' ଉତ୍ତର,
ମତେ ହଲେ କଅଁଳିଆ ପତ୍ର ଦିଶିଲା !

ଆକାଶକୁ କହିଲି
ତୋ ପାଦ କୋଉଠି ଯେ,
ଦେଉନୁ, ମୁଁ ଅଳତା ବୋଳିବି !
ସେ ହସିଦେଲା
ଆଉ ମତେ ମେଘର ଡେଣା ଦିଶିଲା !

ଆଉ ଦିନେ ମାଟିକୁ ପଚାରିଲି,
ତୋର ବି କ'ଣ ପାଦ ଅଛି ?
ବହୁତ୍ ସମୟ ପରେ
ସେ ଖୋଲିଦେଲା ଦେହରୁ ଲୁଗା
ଚିପୁଡ଼ିଦେଲା ନଦୀ ଓ ସାଗର !

ତା'ପରେ ମୁଁ ଫେରିଆସିଲି ବିନା ପାଦରେ
ମୋ ଚାରିକଡ଼େ ବି ଫେରୁଥିଲେ
ଅନେକ ପାଦ
ମୁଁ ଏକା ଆସୁନଥିଲି
ମୋ ସହ ଯେମିତି ଚାଲୁଥିଲା
ଗୋଟେ ପାଦର ଜଙ୍ଗଲ ।

ଦାଗ

ଦିନେ, ଗୋଟେ ଶୁଖିଲା ହାକୁଟିକୁ
ବନ୍ଦକରିବା ପାଇଁ
ବଢ଼େଇ ଦେଇଥିଲି ବୋଲି,
ମୋ ନୀଳ ରଙ୍ଗର ୱାଟର ବଟଲ୍,
ଆଜି... ବି ମୋ ଚା' କପ୍ ରେ ଦାଗ !

ଯେଉଁଦିନ ବର୍ଷା ରାତିରେ
ଗୋଟିଏ ଛତା ତଳେ
ବିପରୀତ ଦିଗରେ
ନିଜ ଘରକୁ ଫେରିଥିଲେ ହଳେ ହଳେ ପାଦ,
ସେଇ ରାତିଠୁ ମୋ ଅନ୍ତର୍ବସ୍ତ୍ରରେ ଦାଗ !

ସେ ଚାହୁଁନଥିବା ସକାଳକୁ
ମୋ ଚୁନିରେ ଗଣ୍ଠି ପକେଇ,
ପାହନ୍ତା ପ୍ରହରୁ ଉଠିଆସିଛି ବୋଲି
ତା' ଆଲିଙ୍ଗନରୁ,
ମୋ ସହରରେ ଚର୍ଚ୍ଚା
କୁଆଡ଼େ ମୋ ଦେହ ଗୋଟେ ଦାଗ !

ଏତେ ଲଙ୍କା ଖାଇବୁ ?
ନଈବାଲିରେ ଶୋଇବୁ ? ?
ବାଘ ଆସିଲେ ଡ଼ରିବୁନି ? ? ?
ଜଣାନାହିଁ ଏସବୁ ପିଲାଖେଳ କି ଚକ୍ରବ୍ୟୁହ
କିନ୍ତୁ ଏଇ ତିନିଟା ପ୍ରଶ୍ନରେ
ମୋ ମଥା, ପତା ଆଉ ତମାମ୍ କଥାରେ
ଆଜି ବି ଅଲିଭା ...ତିନି ଇଞ୍ଚର ଦାଗ !

କାହାର ପ୍ରଶ୍ନ ଥିଲା 'କେତେ ..... ?
ମାଇନସ୍ ଫୋର ପଏଣ୍ଟ ଫାଇଭ୍,
ସେଇଟା ଆଖି ତ ?'
ପ୍ରମାଣରେ ବଢ଼େଇ ଦେଇଥିଲି ଯେବେଠୁ ଚଷମା,
ସେବେଠୁ ସବୁ ଦାଗରେ ଛାଇରଙ୍ଗର ଦୃଶ୍ୟ
ମୋର ସବୁ ଦୃଶ୍ୟରେ ରେ ଦାଗ !

ଆକାଶ ଦେହରେ ବାଦଲ ଭଳି
ହୁଏତ, ଜୀବନର ଢଙ୍ଗ
ଯୋଉଠି 'ପାଣି ଉପରୁ ଝରିଲେ ବର୍ଷା
କିନ୍ତୁ ତଳୁ ଛିଟିକିଲେ ଦାଗ !'

■

ଏକୋଇଶ

ଆଜି ବି

ମୁଣ୍ଡ ଉପର ଆକାଶରେ
ଉଡାଯାହାଜ ଉଡ଼ିଲେ
ଛାତକୁ ଧାଉଁଥିବା ପାଦ,

ନାଲି କଙ୍କି ଦେଖିଲେ
ତା' ଲାଞ୍ଜରୁ ମିଛୁଟାରେ
ସୁତୁଲି ଖୋଲୁଥିବା ହାତ,

ତାଳଗଛକୁ ବର୍ନଭିଟା ପିଆଉଥିବା
ଲୋକଟାକୁ ଖୋଜି ଖୋଜି
ଖୋଜିବା ଭୁଲିଯାଇଥିବା ଆଖି,

କିଚେନର ଅଟାଗୁଳାରୁ
କେବେ ବି ପାକେଲାହେଇ ଝଡୁନଥିବା
ନିଶକୁ ଭେଟୁଥିବା ମନ,

ସକାଳୁ ମୋ ସହ
ଯେବେ ଏକାଠି ଦେଖାହେଲେ
କେଜାଣି କାହିଁକି
ମୋର ହଠାତ ମନେ ପଡ଼ିଲା
ଛୁଆବେଳେ...
ମୋର ଏକୋଇଶିକ ପଣକିଆ
ବିଲକୁଲ ବି ହେଉନଥିଲା !

■

କଳା ଗୋଲାପ

ନଦୀପାର ହେବା ସମୟରେ ହିଁ
ସେ ଖୋଜିଲା ରାତି
ମୁଁ କହିଲି ଆହୁରି ଅନେକ ବେଳ ବାକି
ତଥାପି ସେ ଚାହିଁଲା ରାତି
କହିଲା ଗୋଟେ ଚିତ୍ରରେ ରହୁ
ଜଙ୍ଗଲୀ ବାଆ, ନଈପଠା
ଗୋଲାପର ଦେହ !

ମୁଁ ହଁ ଭରୁଭରୁ ଅଟକିଲି

ସେ ଯୋଡ଼ିଲା,
ନାଆର ଆଖି କଣ ଲୁହ,
ଗୋଟେ ମୋଜା ଭିତରେ ରହି
ମଝି ନଈରେ ପଚିଆସୁଥିବା ବୁଢ଼ା ଆଙ୍ଗୁଠି,
କୁଆଁରୀ ଦେହମାନଙ୍କରୁ ଏ ଯାଏଁ ଲମ୍ବିଆସୁଥିବା
ଲାଲରଙ୍ଗର ଅବହେଳିତ ଯେତେସବୁ ତିଥି !
ଏମାନଙ୍କୁ କିଏ କ'ଣ ଚିହ୍ନିଲାଣି ଏଇଠି ?

ମୁଁ ଉଢେଇ ଦେଲି କଳା ରଙ୍ଗର ଓଢ଼ଣୀ !
ସେ ଓଠ ଛୁଇଁଇ
କହିଲା, ହଁ....ଗୋଲାପ !

ଗୋଟେ ପରେ ଗୋଟେ ଛିଣ୍ଡି ଚାଲିଲା ପାଖୁଡ଼ା
ବଦଳରେ ମୁଁ ଭୋଗିଚାଲିଲି ରାତି !

ଶେଷରେ ଅନ୍ଧାର ଲିଭିଯିବାର ବାସ୍ନାଟିକକୁ
ସେ ତୋଳିରଖିଲା ଜିଭ ଅଗରେ

ମୁଁ ବିଞ୍ଛିହୋଇପଡ଼ିଲି ନଦୀଦାଢ଼ରେ !

■

ପ୍ରେମ ଓ ଦୁନ୍ଦୁଭି

ଗୋଲାପର ସହରରେ ଘରକରି
ନାଲିରଙ୍ଗକୁ ଏତେ ଡର କାହିଁକି ଯେ
ଯେଉଁଠି କ୍ଷତାକ୍ତ ପାଖୁଡ଼ା ସେଇଠି ତ ଲାଲ ମହକ
ଏଥିରେ ଭୟ କଣ ?

ଜାଣିଛ,
ଘରେଘରେ ଅଳସୁଆ ନାଲିଚା' ପାଇଁ
ଚୁଲିରେ ଜଳିଥାଏ କେତେକେତେ ସିନ୍ଦୁରାସକାଳ ?
କେତେ ଟୋପା ଲାଲ ଝାଳ ଆବଶ୍ୟକ ହୁଏ
ଦେଶର ସୀମାନ୍ତ ଆଙ୍କିବାକୁ ମାନଚିତ୍ରରେ ? !

ତୁମ ହିସାବରେ ନଥିବ ବୋଧେ,
ଫେବୃଆରୀ ମାସ ମ୍ୟୁନିସିପାଲିଟି ଡଷ୍ଟବିନ୍‌ରେ
ପଡ଼ିଥିବା ପ୍ରେଗନେନ୍ସି କିଟ୍‌ରୁ ହିଁ ଜଣାପଡ଼େ
ପ୍ରଣୟର ରଙ୍ଗ ଲାଲ ବୋଲି !
ଆହୁରି ବି ରାଜାରାଣୀ କଣ୍ଢେଇ
ଯେଉଁ ବରଗଛର ଡାଳରେ ଫାଶୀଦେଇ
ମରିଯିବାର କାହାଣୀ ଗଢ଼ନ୍ତି,
ସେ ଗୋଧୂଳି ତିଥିର ରଙ୍ଗ ବି ଲାଲ ବୋଲି ! !

ଆଚ୍ଛା କହିଲ,
ଯେବେ ମୋ ଚିତ୍ର ବିଜୁଳି ଭଳି ଆସି
ଲୁଚିଯାଏ ତୁମ ପଲକର ଅନ୍ଧାରରେ,
ସେବେ ତୁମ ଆଖିର ରଙ୍ଗ ଗୋଲାପ ଭଳି
ଲାଲ ପଡ଼େ ନା ହ୍ୱିସ୍କି ଭଳି ?
ଆରେ ବୁଦ୍ଧୁ ତେଣିକି ଯୁଦ୍ଧ ହେଉ କି ରକ୍ତସ୍ରାବ
ରକ୍ତପାତ କୋଉ ବଡ଼ କଥାଯେ
କଥା ତ ସେଇଠି କୋଉଠି କେତେ ଗୋଲାପ ଫୁଟିଲା !

ତମେ ଏତେ ଡରୁଛ କାହିଁକି
ଯୋଉଠି ଫୁଲ ସେଇଠି ତ କଣ୍ଟା
ଯୋଉଠି ପ୍ରେମର ଘୋଷଯାତ୍ରା ସେଇଠି ଦୁନ୍ଦୁଭି !

■

ଜିଦ୍

ପବନର ଡେଣାର ଦୈର୍ଘ୍ୟକୁ
କାହିଁ କେତେକାଳରୁ
ମୋରି ମାପରେ
ମାପିବାରେ ବ୍ୟସ୍ତ ଥିବା
ସେ ଗୋଟେ ଯୋଗ୍ୟ କାରିଗର ।

ମୂର୍ତ୍ତି ପାଲଟିବିନି ବୋଲି
ନିଜ ଲାଜ ମାନଙ୍କର
ଶିରାରେ ଶିରାରେ
କାଣି ଆଙ୍ଗୁଠିରେ ଲେଖିଆସୁଥିବା
ମୁଁ ଗୋଟେ ଅଯୋଗ୍ୟ ପଥର !

■

ନଜର

ଯେଉଁମାନେ କେବେ ଭାବି ନାହାନ୍ତି
କେତେ ସୁନ୍ଦର ଏ ଜଙ୍ଗଲ !
କେମିତି ବାସେ ତା'ର ମାଟି

ସେମାନେ ହିଁ କୁହନ୍ତି
ଆହା...
କେତେ ସୁନ୍ଦର ଏ ଗୋଲାପଗଛ !

ପୁଣି ସେମାନଙ୍କୁ ହିଁ ଜଣାଥାଏ
କେବଳ ଡାଳ ଖଣ୍ଡେ କାହିଁକି
ପୂରା ଫୁଲଗଛ ବି ଛିଣ୍ଡେଇ ନେଇଯିବାରେ
ମୁହଁ ଖୋଲିବନି ଏ ମାଟି, ଏ ଜଙ୍ଗଲ ।

ଗଛର ଉପୁଡ଼ିଯିବାରେ ଝରେନି ରକ୍ତ
ଫୁଲରୁ ଝଡ଼ିଯାଏ କିନ୍ତୁ ପାଖୁଡ଼ା
ଝଡ଼ିଯାଏ...
କାହାର ପାପୁଲି ଭର୍ତ୍ତି ବିଶ୍ୱାସ ଓ ବେଦନା
ଯେ କେବଳ ବାସେ, ଦିଶେନା...!

ସେମାନେ ଏଥର ବି ନିଶ୍ଚିତ ହୁଅନ୍ତି ଯେ
ସେମାନଙ୍କ ହାତରେ ଫୁଲ !

ସେମାନଙ୍କୁ ତ ଦିଶେନି କଣ୍ଟା
ଦିଶେନି ପ୍ରତିରୋଧର ଚିତ୍ର!!
.
ତେଣୁ ଛିଣ୍ଡିଯାଏ ଗୋଲାପ

ସେମାନେ ସବୁଥର ପରି କୁହନ୍ତି
'ଏ ବାସ୍ନା ...ଏ ତ ମାଟିର ।'

ପବନରେ ମିଳେଇଯାଏ ପ୍ରାର୍ଥନା!!

ସମାନତା

କିଏ କାହା ପରି ହେଇନଥାନ୍ତି ଏଠି
ଯଦିଓ ଆମେ ଦୁହେଁ ଦୁହିଁଙ୍କଠୁ ଭିନ୍ନ
ତଥାପି ଅନେକାଂଶରେ ଆମେ ଏକାଭଳି

ଏଇ ଯେମିତି,
ଆମେ ଦୁହେଁ ଗୋଟେଗୋଟେ ପୁରୁଣା ଆତ୍ମା
ଆମ ଅତୀତର ପୃଷ୍ଠାସବୁରେ,
ଆମେ ପୁରୁଣା ହେଉଥିଲେ
ଆଉ ଏବେ ବି ଆମେ ପୁରୁଣା ହେଇଚାଲିଛେ
ଆମେ ଆଗକୁ ବି ପୁରୁଣା ହେବା
ସେତେବେଳେ ହୁଏତ
ଆମେ ଆଉ ଆମେ ହେଇନଥିବା !
କିନ୍ତୁ ନିରୋଳା ପୁରୁଣା ହେବା ଛଡା
ଆମେ ଆଉ କିଛି କରୁନଥିବା ! !

କେହି କାହା ପରି ନୁହଁନ୍ତି ଏଠି
ଯଦିଓ ଆମେ ଦୁହେଁ ଦୁହିଁଙ୍କଠୁ ଭିନ୍ନ
ତଥାପି ପୁରୁଣା ହେଇଚାଲିବା ଟା ହିଁ
ଆମ ଦୁହିଁଙ୍କ ଭିତରର ଏକ ବିରାଟ ସମାନତା !
(ତୁମକୁ ...)

ପ୍ରବାହ

ପ୍ରେମିକ:

ସବୁ ପ୍ରେମିକ
ଗୋଟେ ଗୋଟେ ସମୁଦ୍ର !
ଯାହାଙ୍କ ଶିରାପ୍ରଶିରାରେ ଧାଉଁଥାନ୍ତି
ଉଚ୍ଛୁଳା ନଈମାନେ ଅବିରତ,
ଯାହାଙ୍କ ହୃତପିଣ୍ଡରେ କିନ୍ତୁ ଜମାହେଉଥାଏ
ସବୁ ନଈଙ୍କ ପାଦଚିହ୍ନ !

ସମୁଦ୍ର:

ଏମିତି ଗୋଟେ ପ୍ରେମିକ
ଯେ ନିଜେ ଲବଣାକ୍ତ ହେଇ ବି
ନଈକୁ ଝାଳ ମାଗେ
ଖୁବ୍ ବେଶୀ ଏକା ହେଇଯିବା ବେଳେ !

ପ୍ରେମିକା:

ଅନ୍ଧାର ତା' ଭଳି ବାସେ ବୋଲି ତ
ସେ କେବେ ପଚାରିପାରେନି
'ରାତି ହେଲେ
ପ୍ରଜାପତିମାନେ ଯାଆନ୍ତି କୁଆଡ଼େ' ?

ରାତି:

ନିଜ ଉଜ୍ଜ୍ୱଳ ରକ୍ତକୁ ଖତ ଭଳି ଦେଇ
ଆୟୁଷ ଥିଲା ଯାଏଁ
ତାରାଫୁଲ ଫୁଟାଏ ବୋଲି ତ
ଦିନ ପାଲଟେ ତରଳ ତାରାଙ୍କ ଆକାଶ !

ସାତ ମିନିଟର କାହାଣୀ

ପ୍ରଥମ ଚୁମା;

ତୁମ ଦୁଇପାଦର ଠିକ୍ ମଝିରେ ।
ରୁହ ହଲଚଲ କରନି,
ଆମ ସହର ଶୋଇଛି,
'ଏବେ ସେ ସୁନାମୀ ପାଇଁ
ବିଲକୁଲ ପ୍ରସ୍ତୁତ ନାହିଁ !

(ତମର କ'ଣ ମନେଅଛି
କେତେଥର ମୋ ଓଠ ମଝି-ସମୁଦ୍ରରେ ବୁଡ଼ିଯାଇଛି ?)

ଦ୍ୱିତୀୟ ଚୁମା;

ତୁମ ନାଭିରେ।
ଯଦିଓ ମୁଁ ଜାଣେ ସେଇଠି ହିଁ ସବୁତକ ଭୋକ ରାନ୍ଧେ ଆତ୍ମା !

(ବେଳେବେଳେ ନିଜ ଓଠ ବି ନିଜକୁ ଓଜନିଆ ଲାଗେ ନୁହେଁ ?...)

ତୃତୀୟ ଚୁମା;

ତୁମ ଛାତିରେ।
ଜାଣିଛ ମୁଁ ସ୍ୱରରୁ ବି **ସ୍ପଷ୍ଟ** ବାରିପାରେ ସନ୍ଦେହ, ଶଂକା ଓ ସମର୍ପଣର ବାସ୍ନା !

(ଆଚ୍ଛା କହିଲ ବାଁ କଡ଼ ଛାତିରେ ହୃତ୍‌ପିଣ୍ଡ ଥାଏ ନା ?)

ଚତୁର୍ଥ ଚୁମା;

ତୁମ ହାତ-ପାପୁଲିରେ।
ଯାହାକୁ ଧରି ପୃଥିବୀର ସବୁଠୁ ଲମ୍ବା ରାସ୍ତାର ଗୋଟେ ପାର୍ଶ୍ୱରୁ ଆଉ ଏକ ପାର୍ଶ୍ୱକୁ ମୁଁ ସବୁଠୁ ମନ୍ଥର ଗତିରେ ଚାଲିବାକୁ ଚାହେଁ ! !

(ସେତେବେଳେ ରାସ୍ତାମାନେ ଥକିଗଲେ ବି ତୁମକୁ ଅଟକିବା ମନା, କ'ଣ ମନେରହିଲା କି ନା ?)

ପଞ୍ଚମ ଚୁମା;

ତୁମ ସାର୍ଟର ଫାଷ୍ଟ ବଟନ୍ ଉପରେ।
ଯୋଉଠୁ ଆଜିଯାଏଁ ବି ତମେ ଲିଭିବାକୁଦେଇନ ଗୋଟେ ବହୁ ପୁରୁଣା ଚିପଚିହ୍ନ !

(ଅବଶ୍ୟ ବେକରେ ଥିବା ତିଳଚିହ୍ନ ଗୁଡା ବେଶୀ ପାସୋନେଟ ...ଏ କଥା କେବଳ ମୋର ତ ?)

ଷଷ୍ଠ ଚୁମା;

ତୁମ ଚିବୁକରେ
ଯୋଉଟା ମତେ ଚୁମ୍ବକ ପରି ଟାଣେ।

(କଣ ଯେ ...ଏତେ ଚୁପ୍ କାହିଁକି ?)

ସପ୍ତମ ଚୁମା;

ତୁମ ଦେହର ଶୀତଳତମ ଉପତ୍ୟକାରେ !
ଆରେ ‘ଓଠ’ ଶବ୍ଦଟି କଣ ମିଳୁନି ତୁମ ଅଭିଧାନରେ ?

(ଏୟା କହିବାକୁ ଚାହୁଁଛ କି ମୃତ୍ୟୁ ପୂର୍ବରୁ ବି ସମାଧି ଥାଏ, ହେଲେ ତମେ କ’ଣ ମୋ’ରି ଭିତରେ ଚେଇଁରହିପାରିବ ସକାଳଯାଏଁ ?)

ଆମେ ଦୁହେଁ

ଆମେ ଦୁହେଁ ଯେବେ ସାମ୍ନାସାମ୍ନି ହେଲୁ
ସେବେ;
କ୍ୟାଲେଣ୍ଡରକୁ ଢିରାଦେଇ
ସିଗ୍ରେଟ ଟାଣୁଥିଲା ରାତି !

ଆମେ ଦୁହେଁ ଯେବେ ଆଖି ମିଶେଇଲୁ
ସେବେ;
ପବନର ଡେଣା କାଟି ନିଜ
ନାଭିରେ ପୋତିଦେଲା ମାଟି !

ଆମେ ଦୁହେଁ ଯେବେ ଓଠ ନ ଚିହ୍ନିଲୁ
ସେବେ;
ପୃଥିବୀର ସବୁ ଦ୍ୱାରବନ୍ଧ
ଖୋଲିଦେଲେ ଲାଜର ଶିକୁଳି !

ଆମେ ଦୁହେଁ ଯେବେ ଛାତି ଛୁଇଁଇଲୁ
ସେବେ;
ପାଦତଳ ଚଟାଣରେ
ଛାଇଗଲା ଶୁଖିଲା ବିଜୁଳି !

ଆମେ ଦୁହେଁ ଯେବେ ପାଦ ହଜେଇଲୁ
ସେବେ;
ରାସ୍ତାର ମନେପଡ଼ିଲା
ସେ ରତୁମତୀ ବୋଲି !

ଆମେ ଦୁହେଁ ଯେବେ ଆମେ ହେଇଗଲୁ
ସେବେ;
ଆମେ ଭୁଲିସାରିଥିଲୁ
ସମୁଦ୍ରକୁ ଅଇଁଠା କରିବାକୁ
ଆମେ କେତେ ଇଞ୍ଚର ଜିଭ ପଦାକୁ କାଢ଼ିଥିଲୁ !

■

ସ୍ପର୍ଶ

ସେ କୁହନ୍ତି ନିଆଁ ହିଁ ଓଦା ହଉଥାଏ
ପାଉଁଶ ସନ୍ଧିରେ,
ସେ ଭିଜୁଥାନ୍ତି ଜଳନ୍ତା ଶ୍ରାବଣ ହେଇ!!

ମତେ ଦିଶେ ବର୍ଷା ଛାତିର ନିଆଁଝୁଲ,
ପୁଣି ସେ କୁହନ୍ତି ଏ ନିଆଁ ପାଇଁ ତୁମ ଦେହ ଜାଳ!

ମୁଁ ପାଖେଇ ପାଖେଇ ଆସେ
ଫି'ଥର ନିଃଶ୍ୱାସ ମୋ ଅଣଚାଶ ପାଲଟେ,
ଆଶ୍ଚର୍ଯ୍ୟ, ସେ ଅଣଚାଶରେ
ଦିଇଟା ଶିଖା ଦାଉ ଦାଉ ଜଳେ!
ଯାହା ବଳେ ତାକୁ ହୁଏତ
ଲାଲ ଅଙ୍ଗାର କୁହାଯାଇପାରେ!!

■

ସ୍ଲାଇରୋଗାଇରା

ଜାଣିନି କାହିଁକି
ତା' ପସନ୍ଦର ରାତିସବୁରେ
ମୁଁ କେମିତି ଖସିପଡ଼େ ମଝି ସମୁଦ୍ରରେ !

ଯୋଉଠି ମୋ ପାଦର ଅଳତା ବି
ଗାଢ଼ ନୀଳ ଦିଶେ
ବିନା ଆଲୁଅରେ...

ନିଃଶ୍ୱାସ ଚାଲିଥିଲାବେଳେ ବି
କୋଉ ଗଭୀରତା ମୃତ୍ୟୁ ଯାଚିପାରେ ବୋଲି
ମୁଁ ତା'କୁ ପ୍ରଶ୍ନ କରେ !

ଉତ୍ତର ଫେରେ
'ତୁମ ନାଭି ଛଡ଼ା ଆଉ କିଛି ବି
ଓଦା ଦିଶେନି ମୋ ଆଖିରେ,
ମଝି ସମୁଦ୍ରରେ... !'

ବୋଧେ ସେଇଥିପାଇଁ
ମୋ ପସନ୍ଦର ଦିନସବୁରେ
ସେଇ ସମୁଦ୍ରଟା ଶୋଇଶୋଇ
କଡ଼ ଲେଉଟାଉଥାଏ ମୋ ନାଭି ଭିତରେ !

ଗୋଟେ ଡିସେମ୍ବରର କଥା

ଚୁମ୍ବକ, ତାରା ଆଉ ତୁମେ
ତିନୋଟି ବିନ୍ଦୁ ହିଁ
ମତେ ନା ସବୁବେଳେ
ସମାନ ଦିଶ ଦୂରରୁ !

ତୁମ ପାଦତଳର ରାସ୍ତା
ଓଃ ଭାରି ସରଳ ଆଉ ତରଳ
ତଥାପି ଆଉଥରେ
ଦୋହରାଇ ଦେଉଛି
ଚୁମ୍ବକ, ତାରା ଆଉ ତୁମେ
ତିନୋଟି ବିନ୍ଦୁ ହିଁ ।

ଝଡ଼, ବର୍ଷା ଆଉ ତୁଷାର
କେବେକେବେ ଦେଖା ବି
ହେଇପାରନ୍ତି ଅବେଳରେ

ତଥାପି ଭୁଲିବନି
ଚୁମ୍ବକ, ତାରା ଆଉ ତୁମେ
ତିନୋଟି ବିନ୍ଦୁ ବୋଲି !

ମହୁ, ଖରା, ଆଉ ଅମ୍ଳଜାନ
ପୃଥିବୀରୁ ସରିଗଲାବେଳେ ବି
ଏଇଟା ମନେ ରହେ ଯେମିତି
ଚୁମ୍ବକ, ତାରା ଆଉ ତୁମେ
ତିନୋଟି ବିନ୍ଦୁ ନଥିଲ କେବେବି !

■

ଲୁଡୁପାଲି

ଗୋଟେଥରେ ସମୟକୁ ବାନ୍ଧିବା ପାଇଁ
ଈଶ୍ୱରଙ୍କୁ କହିଲି
ମତେ ବୁଝିପାରିବା ଭଳି ମୁହୂର୍ତ୍ତଟେ ଦିଅ ।

ଠିକ୍ ସେତିକିବେଳେ
ମୋ ମୁଣ୍ଡ ଉପରେ ଧସ୍ କରି ଖସି ପଡ଼ିଲା
ନିଝୁମ ଖରାବେଳଟିଏ
ଯିଏ ଲଡ୍ଡୁପାଲି ଆଉ ସାର ଧରି
ଛୁଆଙ୍କ ଭଳି ଜିଦିକଲା
ମୋ ସହ ବାଜିଟିଏ ଖେଳିବ ବୋଲି !

ଅନିଚ୍ଛାଗୁଡ଼ାକୁ ଢକ୍‌ଢକ୍ କରି ପିଇ
ମୁଁ ଇଚ୍ଛାଭର୍ତ୍ତି ହଁ'ର କପାତୁଳା ଉଡ଼େଇଲି
କାରଣ ମୁଁ ତାକୁ ବନ୍ଧିରଖିବାକୁ ଚାହୁଁଥିଲି

ଯଦିଓ ମୁଁ ଭୁଲିଯାଏ ନିଜକୁ ହିଁ ସବୁଥର
ଶୋଇବାକୁ ଅଣ୍ଡାଳେ
ଗାଢ଼ ଅନ୍ୟମନସ୍କତାର କୋଳ
ତଥାପି ମୁଁ ମନେରଖିଛି
ମୁଁ ମନେରଖିପାରେନି
କିଛି କିଛି ବହୁତ କିଛି ଅନେକ ଥର

ସେଦିନ ସେ ନୀଳରଙ୍ଗ ବାଛିଥିଲା
ଆଉ ମୁଁ ନାଲି
ତା'ର ଦାନ ଫିଟିବା ପର୍ଯ୍ୟନ୍ତ
ମୁଁ ମୋ ଦାନ ସବୁକୁ ଗୋଳେଇ ଚାଲିଥିଲି
ବୋଧେ ତାକୁ ହିଁ ଅପେକ୍ଷା କରୁଥିଲି
ନହେଲେ ତା' ସହ ଲଡୁପାଲିର ଛକ ବୁଲିବି ବୋଲି
ନିଜ ସହ ହିଁ ଛଳନା କରୁଥିଲି !

କିଛି ରାସ୍ତା ରେ ଅପେକ୍ଷାଟା ଅପରାଧ
ଆଉ ଭାବପ୍ରବଣତା ପାପ ବୋଲି
ସେ ଆଖିଠାରି କହୁଥିଲା :
ହୁଏତ ଠାର ବୁଝିବାର ବୟସ ମୋର ହେଇନଥିଲା
ସେଥିପାଇଁ ବୋଧେ ତା'ର ସବୁ ଦାନ ଆଗେ ପାଚିଗଲା

ଜିତାପଟରେ ଥାଇ ସେ କେବଳ ହସୁଥିଲା
ତା' ହସରେ ହୁଗୁଳି ଯାଉଥିଲା ଆମ ସମ୍ପର୍କ
ଶେଷରେ ତାକୁ ବାନ୍ଧି ରଖିବାକୁ ଯାଇ
ମୁଁ ହିଁ ବନ୍ଧା ପଡ଼ିଗଲି !

ସତରେ ମଣିବନ୍ଧ ରେ ଘଡିଟିଏ ପିନ୍ଧିଦେଲେ
କେଉ ଯେ ସମୟକୁ ବାନ୍ଧିହୁଏ ? !

■

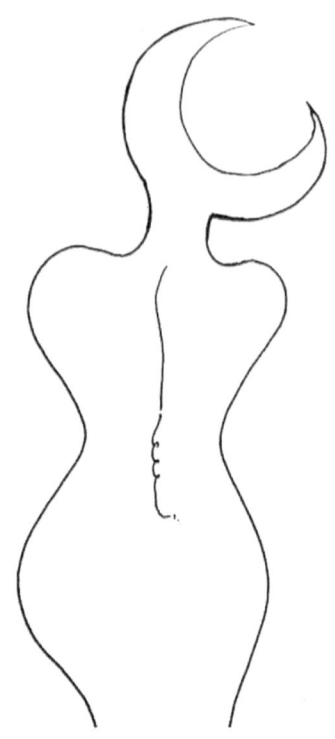

ଜହ୍ନ

ଯିଁ'ଥର ତା' ଦାଣ୍ଡ ପହଁରିବାର ଶବ୍ଦରେ
ଭୋର୍‌ଟେ କଅଁଳିଲେ
ସେ ସ୍ଥିରନିଶ୍ଚିତ ହୁଏ,
କମଳା ରଙ୍ଗର ଟିକିଲିଟେ ପୂର୍ବ ଆକାଶରେ
ଉଇଁବାକୁ ଆଉ ବେଶି ଡେରି ନୁହେଁ!

ତାକୁ ମଥାରେ ନାଇ
ସେ ଦିନ ସାରା ଫୁଟେ, ଉତୁରେ, ସିଝେ
ସନ୍ତୁଳିହୁଏ ଆଉ ସାଉଁଳିଯାଏ ଠିକ୍ ମୁହଁସଞ୍ଜରେ,
ସବୁକିଛି ହଉଥାଏ ସେଇ ସମାନ କଡେଇରେ
ଯୋଉଠି ତେଲ ଆଉ ଫୁଟଣ ହେଇଥାନ୍ତି

ଯାବତୀୟ ଜଞ୍ଜାଳ
ଘୋଡ଼ଣି ହେଇଥାଏ ଛାତ
ଆଉ ଇନ୍ଧନ ବୋଧହୁଏ ତା' ନିଜର ବିଶ୍ୱାସ ।

ସେଇ ଟିକିଲି ସଞ୍ଜରେ ବି କମଳା ଦିଶୁଥାଏ
ସେ ମଥାରୁ ଟିକିଲି କାଢ଼ି
ଆଇନାରେ ଲଗାଏ,
ପାଣି ଚହଲିଯାଏ,
ସେ ମୁହଁ ଧୁଏ,
ଆଉ ଫିକ୍ କିନା ହସୁହସୁ
ନିଜେ ଗୋଟେ ଜହ୍ନ ପାଲଟିଯାଏ !

■

ବୁଢୁନି

ଭାତ ସହ ଆମ୍ବ ଟାକୁଆ, ଝରିପୋକ
କଷି କାଙ୍କଡ଼ ଆଉ ଜଳନ୍ତା ଚୁଲିକୁ ହିଁ
ଜୀବନ ବୋଲି ବୁଝେ ବୁଢୁନି ମୁଣ୍ଡା ।

ଗତଥର କହିଥିଲା ଖବରକାଗଜ ଦିଦି !
ତୁମେ ଯୋଉ ବହି ପଢ଼ିବାକୁ ଦେଇଥିଲ
ଚୁଲିରେ ପୂରେଇ
ବାପା ଜାଳିଦେଲା ବୋଲି
କଡେଇରେ ତିଆରି ହେଲା ନାଲିକଙ୍କି ଭଜା
ଆଉ ବହି ଦେବନି ହେଲା
ନହେଲେ ବାପା, ଚୁଲି, କଙ୍କି... !

ତା' କଥା ମାନି
ନିଜକୁ ଲିଭେଇ ରଖିଲି ସିମେଣ୍ଟ ଗୁମ୍ଫାରେ

କିନ୍ତୁ ନିଆଁ ଭଳି
ବୁଢୁନି ପୁଣି ଝଲସିଲା ଆଖି ଆଗରେ ।

ଦେଖାକଲି ପଚାରିଲି ଏବେ କ'ଣ କରୁଛ ?
କହିଲା ଖବରକାଗଜ ଦିଦି !
ନିଆଁକୁ ଖବର କରିବ ତ କର
କାଜୁବଣରେ କେବେକେବେ ଦିପହରେ ବି

ନିଆଁ ଲାଗିଯାଉଛି ଅଧା ଚିରା ବ୍ଲାଉଜରେ !
କେନ୍ଦୁପତ୍ରକୁ ହାତ ରେ ଦଳି
ମୁଁ ହିଁ ନିଆଁ ହେଇ ବେଳେବେଳେ ଲମ୍ବି ଯାଉଛି
କାହାକାହା ଓଠ ସନ୍ଧି ଯାଏଁ !
ଚୁଲି ନଜଳିଲେ ଗୋଡ଼ ହାଡ଼କୁ
କାଠ ସହ ଠେଲି ଦେଉଛି ଚୁଲି ମୁହଁରେ !

ପାରୁଛ ତ
ଖବର ଗୋଟେ ଲେଖ ନିଆଁ ନାଁ ରେ
କିନ୍ତୁ
ଆଉ ବହି ଦେବନି ।
କାରଣ
ନିଆଁ ଆଉ ଭଲ ଲାଗୁନି ଏଇ ପୃଥିବୀରେ !

ଫୁଲ

ସକାଳ କୋଉ ଦିଗରେ ଲମ୍ବିଯାଇ
କୋଉଠି ଅଟକେ
ଆମେ ଜାଣୁନା

କେତେ ସମୟ ଜଳିଲା ପରେ
ଦିନଟେ ଲିଭିଆସେ
ଓ ରାତି ଜାଗେ ଆମେ ଜାଣୁନା

ଆମେ ଜାଣୁନା
ସୂର୍ଯ୍ୟର ଦୈର୍ଘ୍ୟ ଆଉ ପ୍ରସ୍ଥ
ଜହ୍ନଠି ଧଳାରଙ୍ଗର ସାନ୍ଦ୍ରତା
କି ଇନ୍ଦ୍ରଧନୁରେ ରଙ୍ଗମାନଙ୍କର ଦୂରତା

ତଥାପି ଆମେ ହାତରେ ହାତ ଛନ୍ଦିଲେ
ଆମ ଆଗରେ ଆଉ ପଛରେ ବି
ଗୋଟେ ଗୋଟେ ଶତାବ୍ଦୀ ଦିଶେ

ଦୁନିଆ ଆମକୁ ଫୁଲ କୁହେ
ଯାହାର ବାସ୍ନା
ମାଧ୍ୟାକର୍ଷଣକୁ ବି ମାନେନା !

BLACK EAGLE BOOKS

www.blackeaglebooks.org
info@blackeaglebooks.org

Black Eagle Books, an independent publisher, was founded as a nonprofit organization in April, 2019. It is our mission to connect and engage the Indian diaspora and the world at large with the best of works of world literature published on a collaborative platform, with special emphasis on foregrounding Contemporary Classics and New Writing.

www.ingramcontent.com/pod-product-compliance
Lightning Source LLC
Chambersburg PA
CBHW060617080526
44585CB00013B/868
* 9 7 8 1 6 4 5 6 0 6 3 2 1 *